ミクロ経済学入門の入門

坂井豊貴
Toyotaka Sakai

岩波新書
1657

まえがき

ミクロ経済学を学びはじめた人、学んでいる途中の人、経済学の基本をきちんとおさえておきたい人。そして経済学なりミクロ経済学が分からなくて困っている人。この本を手に取るのはそんな人が多いのではないかと思う。

なかなかないよねミクロ経済学の分かりやすい入門書。でも大丈夫。これがそれだ。厳密にいうとこの本は入門の入門だから入門書と呼んでよいのか分からないけれど、細かいことを気にするのはよそう。そんなことより無差別曲線やら最適解やら余剰やらナッシュ均衡といった経済学の珍味を味わっていこう。

僕はこれまでいろんなところでミクロ経済学を教えてきたし、教えている。大学の授業はもちろん、官庁やシンクタンクでも研修を担当してきた。

そしてこれは断言してよいのだけれど、ミクロ経済学に苦手意識をもつ人は多い。理由はとてもよく分かる。微分の計算でつまずいたり、リアス式海岸のように入り組んだ複雑な図が分からないのだ。

僕にもその記憶がある。大学生のときミクロ経済学っぽい授業で「独占企業の利潤関数」が出てきたときのことだ。当時僕はろくに勉強しない学生だったけれど、なぜかその授業だけは頑張ろうと決意していて、真面目に出席して必死でノートを取っていた。でも教授がその関数を微分したとき、あまりに分からなくて意味不明になって、教室に一人だけ取り残されたような孤独を感じた。いま思うとあれは合成関数の微分だったのだ。僕はその瞬間にやる気を失くして、それから授業に出るのをやめてしまった。

その後、僕は人生行きがかり上、ミクロ経済学を教える仕事についた。なぜそうなったのかは当時の微分より分からないけれど、とにかくそうなった以上は、あのときの自分のような学生を出したくないと思っている。そしてこれは確信するのだが、ミクロ経済学はシンプルで前提知識を要しない、非常に学びやすい学問である。

そもそも現代の標準的な経済学では、どの応用分野もミクロ経済学の基礎の上に学問を積みあげている。基礎たりえるほど強固でシンプルだし、基礎ゆえに前提知識を要しないといってもよい。ただし、ミクロ経済学でつまずくと、その後の経済学の学習に大きな差し障りが出る。そして計算や複雑な図でつまずく人が多い。もったいないというか、社会的なロスだと思う。

この本はそんなロスをなくすために作成したものだ。

本書の全体的な特長を3つあげよう。

1つ目は、数式や入り組んだ図を使わないこと。たまに計算が出てくることもあるが、いずれも小学二年生レベルのものだ。その代わりに簡単な図をたくさん使う。図さえ使わないミクロ経済学の本も不可能ではないと思うけれど、あまり親切なものにはならないと思う。ひとは文章での説明を図に置き換えるときに、いま自分が学んでいるものが「こういうことか」とつかむからだ。文章と図は、楽譜と音のような関係にある。相互を絡めながら理解を進めると学習効率がよい。

2つ目は、この「まえがき」のような語り口で、僕が、自分の言葉で説明することだ。これは本文を眺めると意味が分かってもらえると思う。気軽に読める文体になっているはずだ。

3つ目は、標準的な内容をコンパクトにまとめたことだ。僕自身、新書は時間をかけずにさっくり読めるものが好きだ。ミクロ経済学を学ぼうとする皆さんも、他にやりたいこと、やらねばならないことは多々あるだろうから、本書を使って時間配分を最適化してほしい。

ミクロ経済学は一人ひとりの消費者や一つひとつの企業といったミクロな経済主体から、マクロな市場やそこでの政策効果を分析する学問だ。この本も、ミクロな経済主体の取り扱いから始まり、マクロな市場の挙動などに話が移ってゆく。各章の扉には、その章の全体での役割を記しておいた。ここでは構成上の特長を3つ述べておこう。

1つ目は、ゲーム理論の活用のしかただ。現代のミクロ経済学に、人々の戦略的行動をえがくゲーム理論は欠かせないが、多くの教科書では後半に独立してゲーム理論の章を設けることが多い。しかし本書では必要に応じて随所にゲーム理論的な記述を組み入れている。ゲーム理論の存在が空気のように当たり前になった今日の経済学では、この扱いのほうが適切だと考えている。

2つ目は、医療保険や課税など、いまの日本の諸問題に関する記述を、多く採り入れていること。理論を通じて現実をよりよく見通す助けになれば幸いだ。

3つ目は、最後の章で、格差と貧困を扱っていることだ。経済学はなんといってもお金を扱う学問だ。社会の富をタテ方向に増やすとともに、ヨコ方向に広げることを論じなければ、経世済民の学としてバランスを欠いてしまう。

前置きはこのくらいにして、いよいよミクロ経済学の学習なり読書なりをはじめよう。そう長い時間をかけずにさっくり読み終えられて、そのときにはこの学問の基礎知識がすっかり身についているはずだ。

目次

図版製作　前田茂実

入門の入門

第1章
無差別曲線
ひとの好みを図に描く

第1章と第2章では，個々の消費者を扱うためのセットアップを行う．個々の消費者は，市場における意思決定の基本単位であり，いわばミクロな存在である．第1章では，消費者がさまざまな財に対して持つ好みを，無差別曲線で図示していく．人により，財により，無差別曲線のかたちは異なる．典型的な無差別曲線をきちんと描けるようになるのが，この章の目的だ．

無差別だということ

僕はコーラが好きだ。

どんなコーラでも好きだ。とくに暑いとき、走ったあと、ひどく喉がかわいた午後。ガラスのコップになみなみ注いで一気に飲む。あるいはそれは教室のなか、駅のホーム、街角の自動販売機のまえ。コーラの缶を、ビンを、ペットボトルを、プシュッと開けると胸がときめく。コカコーラだろうがペプシコーラだろうが、どちらでも気にしない。甘くて、炭酸がきいていて、スパイシーな香りが漂えば、それでかまわない。

さて、これからコカコーラを「コーク」、ペプシコーラを「ペプシ」と略して呼び、ミクロ経済学の学習をはじめよう。最初の題材はコークとペプシに対する僕の好み。なぜそんなものを題材にするかというと、僕は他人のことはよく分からないけど、自分のことはそれなりに分かっている気がするから。そしてコークとペプシに対する僕の好みはとても分かりやすいから。

ミクロ経済学では、個人といったミクロな存在の振る舞いから、市場や政府といったマクロなものの挙動を分析する。だから個人の振る舞いをどう記述するかは、この学問の土台をどう構築するかに深くかかわる。そして、これから個人の振る舞いの記述に便利な「無差別曲線」というものを説明したい。その題材としてコークとペプシに対する僕の好みを扱うのだ。

まずは何より強調しておきたいのだけれど、僕にとってコーク１本とペプシ１本は、つねに等しい価値をもつ。どうしてそうなのかは知らないけれど、そんなふうに味覚やら生活習慣やらができているのだ。

だから、もし誰かが僕にコーラの詰め合わせを贈ってくれるなら、コークにするかペプシにするか、あるいは両者をどう混ぜ合わせるかなんて気にしてくれなくていい。気にしてほしいのは本数だけであって、多いほうが好ましい。大切なのは全部で何本あるかであって、そのうちいくらがコークでいくつがペプシだかは問題ではない。

そんな僕のコークとペプシの組み合わせへの好みをより詳しく考えてみよう。コークだけやペプシだけでなく、コークとペプシの「組み合わせ」というのは話のポイントだ。そしてコークとペプシに限らず、色んな財の組み合わせへの、人の好みを**選好**という。

「コーク１本とペプシ２本」というのはひとつの組み合わせで、これをAと呼ぼう。もちろん組み合わせは他にも色々ある。たとえば「コーク２本とペプシ１本」というのも組み合わせで、こちらはBと呼ぼう。

僕がAとBのどちらを好むかというと、トータルの本数しか気にしないので、どちらも同程度に好む。そして経済学では同程度に好むことを**無差別**だという。僕には、AとBは無差別だ。

次いで「コーク0本とペプシ3本」という組み合わせをCと呼ぼう。これはコークがまったくない、ペプシ3本だけからなる組み合わせだ。その逆である「コーク3本とペプシ0本」の組み合わせはDと呼ぼう。僕はトータルの本数しか気にしないから、CもDも、AやBと無差別である。僕にとってコークとペプシはいくらでも取り換えのきくもので、これらは(完全な)**代替関係**にあるという。

これからこうした僕の選好を、図にして描いてみよう。どうやって図にするかというと、無差別なものたちをつないで線にしていく。これをやると、僕にとって何と何が無差別で、何と何が無差別でないのか、視覚的に分かるようになる。

これに限らず、本書では図を多用する。図にする理由は、その作業じたいが理解を深めてくれるのと、図はこの後のさまざまな分析で便利だからだ。

経済学は社会科学の諸学問のなかでは、数学を最もよく活用する。そうなった理由は単純で、経済学が扱う対象には、財の量、価格、費用など、数字で表されるものが多いからだ。これがたとえば政治哲学のように、社会のあり方を根本から模索したり、テクストを深く読み込む作業の比重が大きい学問だと、そのようにはいかない。

数学は、論理展開が明確であることに特化した、かなり特殊な言語だ。これを活用できると論理展開がクリアーになり、ミスを避けやすくなるから便利だ。だから経済学には式を立てて問題を解くといった分析がたくさんある。19世紀前半にフランスのクールノーという数学者が寡占市場の研究を発表して、それが19世紀後半での経済学と、20世紀なかばでのゲーム理論の発展に大きな影響を与えた。そしてそれらの発展においては数学的な定式化が重要な役割をはたした。

ただし、本書はほぼまったく数式を使わない。では数式なしでどうやって数理分析にあたるものを行うかというと、図解する。そもそも数学を多用する経済学者も、最初は分析の対象を図でイメージして、そこから得られる直観を数式の形に表していくことが多い。

通常の自然言語で分かった気になっていたことでも、作図をしていくなかで、案外分かっていなかったと気づくことも多い。そしていったん作図に成功すると、その図を眺めているうちに、「こういうことか」と新たな発見に気づきもする。要するに作図は、議論の理解と進展にきわめて有効なのだ。

文章と図を交互に読み進めるのは、最初は少し面倒かもしれない。でも作業としては簡単で、きっとすぐに馴れるはず。ミクロ経済学の学び方としては学習効率がよいので、馴れていこうと思ってほしい。

それでは図の作成に入ろう。

図1-1の各点は「コークとペプシの組み合わせ」を表しており、ヨコ軸がコークの本数、タテ軸がペプシの本数をあらわす。たとえば「コーク1本とペプシ2本」の組み合わせであるAは、図1-1のなかでは点(1，2)としてあらわされる。

僕にとってABCDはすべて無差別だ。これらの無差別な点たちを、線でつなげてみよう。無差別な点たちをつなげてできた線であり、これを**無差別曲線**という(図1-2)。

さて、いま図に引いた無差別曲線は真っ直ぐなので、曲線ではなく直線だといいたい人がいるかもしれない。日常的な用語としてはたしかにその通りで、直線といいたい気持ちは分かる。でも数学的には曲線の特殊ケースが直線ということで、ここはすべて「曲線」と呼ぶ。

そもそも無差別曲線がこんなに真っ直ぐになってしまうのは、僕がコークとペプシをこのうえなく等しく扱う特殊な選好をもつからであって、そうでないなら線はどこかで折れ曲がるはずだ。

たとえば「コーク3本」と「コークとペプシを1本ずつ」と「ペプシ4本」を無差別とする人を考えてみよう。つまり(3，0)と(1，1)と(0，4)を無差別とする人だ。その人の、それら3点をつなぐ無差別曲線は(1，1)で折れ曲がっている(図1-3)。

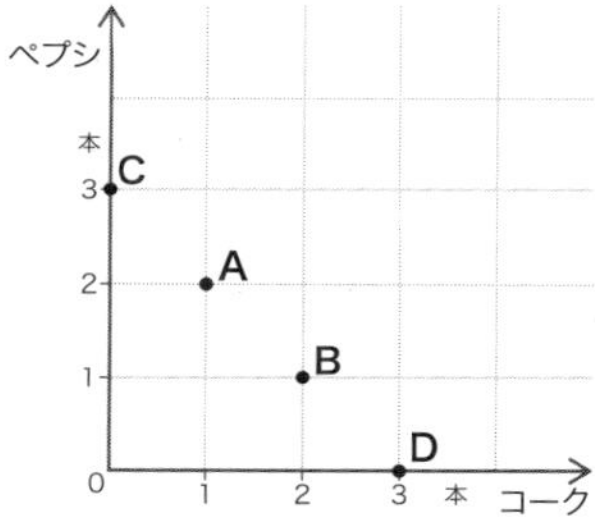

図1-1　コークとペプシの組み合わせ

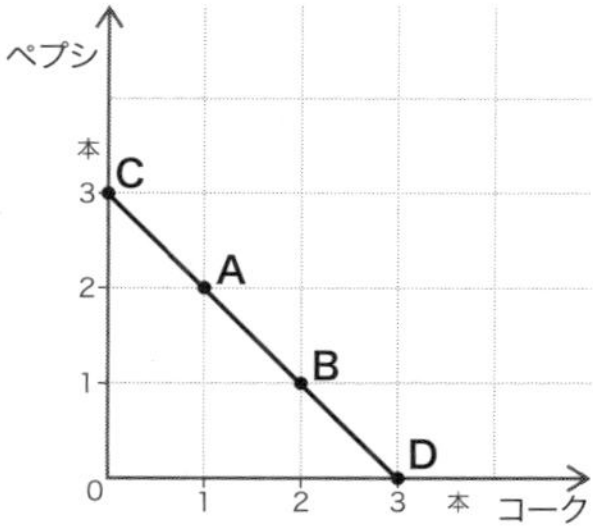

図1-2　点ABCDをつなぐ僕の無差別曲線

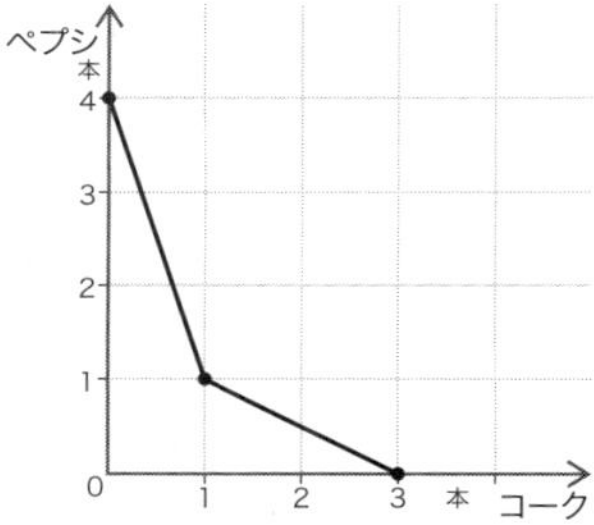

図1-3　点(1,1)で折れ曲がる誰かの無差別曲線

僕の無差別曲線はこれだけではない。たとえば僕にとって「コークが0本とペプシが2本」と「コークが1本とペプシが1本」と「コークが2本とペプシが0本」は無差別だ。だから(0，2)と(1，1)と(2，0)をつなげた線も無差別曲線になる(図1-4)。

実際、僕の無差別曲線は他にも無数にある。たとえば(0，5)と(5，0)をつなぐ直線、(0，6)と(6，0)をつなぐ直線、そしてその上方に無限に存在する直線たち(図1-5)。

僕はトータルの本数が増えれば増えるほど嬉しいので、上の無差別曲線ほど、下の無差別曲線より好ましいものをあらわす。たとえば(0，3)を通る無差別曲線Xと(0，2)を通る無差別曲線Yを比較してみよう。僕はXに乗っているあらゆる点を、Yに乗っているどの点よりも好む。たとえばXにある(2，1)と、Yにある(0，2)では、僕は(2，1)を(0，2)よりも好む(図1-4)。

これを交換の観点からいうと次のようになる。僕は誰かに「コークを2本あげて、ペプシを1本もらう」交換には応じない。なぜなら、その交換に応じると、僕の(2，1)は(2-2，1+1)=(0，2)へと変わってしまい、この変化は僕には好ましくないから。

むろんこれはあくまで僕についてのことであって、コーク2本を失ってでもペプシを1本手に入れたい人だって世の中にはいる。あろうことか僕の父がそうだ。

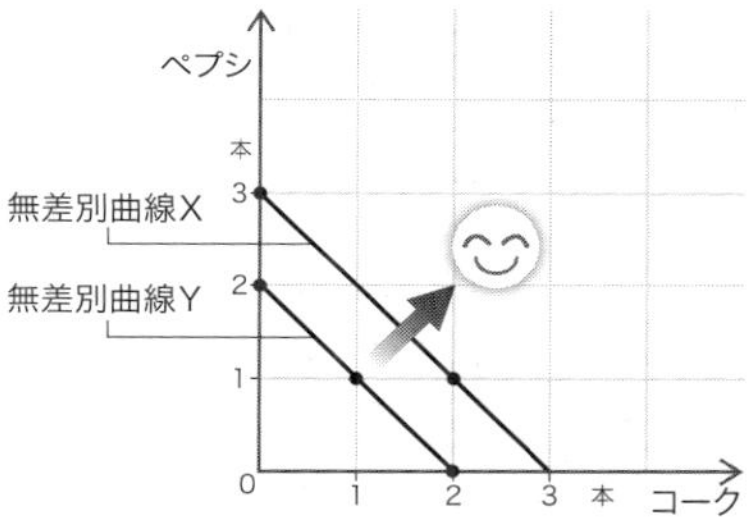

図1-4　点(0,2)を通る無差別曲線Yを追加した．僕はY上の点(0,2)よりもX上の点(2,1)を好む

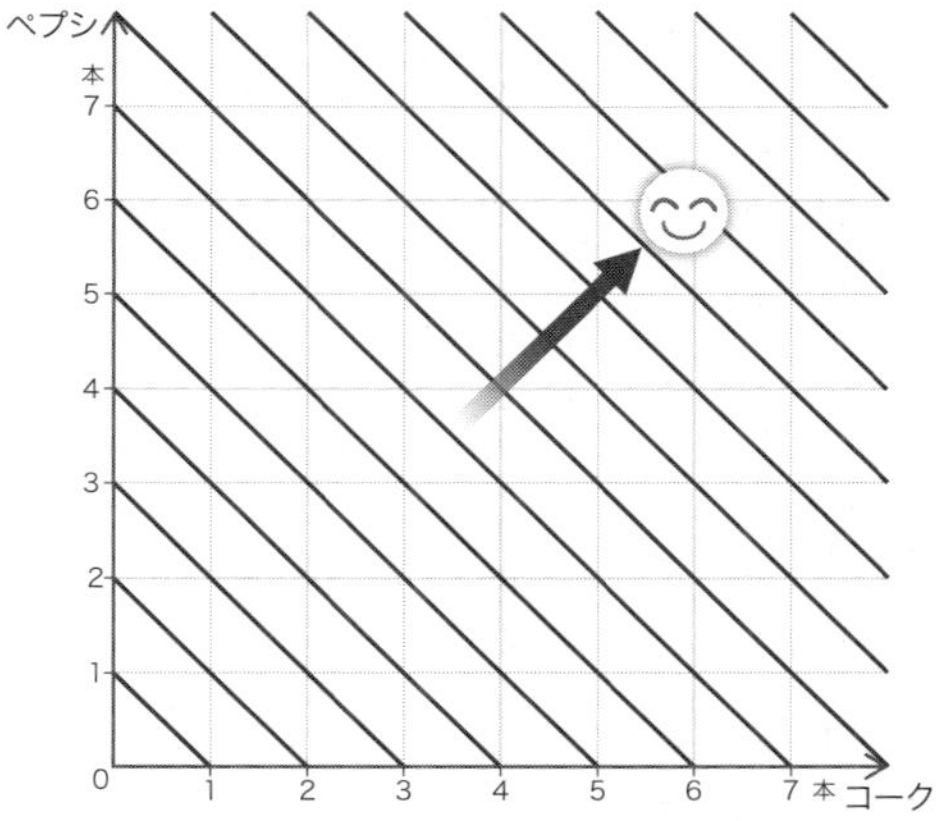

図1-5　本当は無数にある僕の無差別曲線たち

ペプシしか飲まない父

僕の父はペプシしか飲まない。彼はコークには目もくれない。僕が「ああ父はコーラが好きだったよな」とうっかりコークを用意してしまうと、笑顔で礼を言ってはくれるが、口をつけてくれない。僕としてはコーラ好きの親子のつもりだけれど、彼としてはペプシへの嗜好の違いに親子を隔てる壁を見出しているのかもしれない。かたくなにコークを飲まない父を見るとき、自分はこの人のことをそれほど多くは知らないのだと思う。

他人のことは分からないというのは、経済学を学ぶうえでとても重要なことだ。

まず単純にいって、人に喜ばれるものを贈ることはとても難しい。世の中では、誰かにプレゼントを贈って「こんなものは欲しくなかった」とがっかりされたり、あるいは逆に贈られてがっかりするのは、とくに珍しいことではないだろう。あなたにも「こんなものではなく、現金をくれたらよかったのに」と思ったり、誰かに思わせたりした経験がありはしないか。

このことは、自由市場が、中央当局による配給システムよりも、人々の好みに応じた物資の配分を実現しやすいことと関係している。たとえば僕の父にコークが配給されても、それは彼にとって無価値だ。そして一般には、こうしたことを中央当局は知らない。

コークの無駄を避けるためには、父は中央当局に「自分はペプシひとすじで、コークはいりません」と事前に伝えておかねばならない。これは彼に限ったことではない。僕だって「コークでもペプシでもどちらでもかまいません」と事前に伝えておかねばならない。あらかじめ皆が選好の情報を中央当局に伝えておかないと、人々の好みに応じない、物資のもったいない配分が起こってしまう。

さらには、飲み物はコークとペプシだけではない。炭酸飲料だけ考えてみても、ドクターペッパーやセブンアップ、あるいは三ツ矢サイダーなど、枚挙にいとまがない。それらすべてへの自分の選好を、あらかじめ中央当局に伝えることなど現実的ではない。やるならそれは果てしなく面倒くさい作業になるし、かりに皆がそれをやったら中央当局がその膨大な情報を処理するのは大変である。

さらにいうと、人々の好みに応じることが困難な配給システムの経済において、人々の多様な好みに応えるだけのさまざまな種類の炭酸飲料が開発されるかは疑わしい。

このように考えてみると、中央集権的な配給システムよりは、人々が自ら好きなように売り買いする自由市場のほうが、物資をよりよく配分できそうだ。人々は中央当局にいちいち選好の情報を伝達して高度に計算された(はずの)配給を待つ必要はない。市場でほしいものを買って、ほしくないものは買わねばよいだけだ。ペプシを愛好する父は、自分でペプシを市場に買いに行くのだ。そんな父の無差別曲線はペプシだけに反応するよう水平に描かれる(図1-6)。

僕と父のあいだの普通の人

僕にとってコークとペプシは完全に同価値で、父にとってはペプシにのみ価値がある。ふたりとも好みが極端だといってよいだろう。では、この人たちほど極端ではない、もうちょっと普通の人は、どのような無差別曲線を持っているだろう。そこで僕と父の無差別曲線の「あいだ」な線を図に描いてみよう。なぜそんなことをするかというと、いわゆる普通の無差別曲線の描き方を説明したいのだ。そのために、これまで僕やら僕の父やらを動員して、無差別曲線とはこういうものだと話をすすめている。

まずは「ペプシのほうが好きだけれど、コークでもまあいいや」と思える、ほどほどのペプシファン。たとえば、図1-7の無差別曲線を見てみよう。これは僕の無差別曲線をもうちょっとフラットにして、父の無差別曲線に近づけたものだ。つまり、この無差別曲線は、僕の無差別曲線と父の無差別曲線との「あいだ」なものだ。この線からは、この人が「コーク2本とペプシ1本がつねに無差別」なのだと読みとれる。

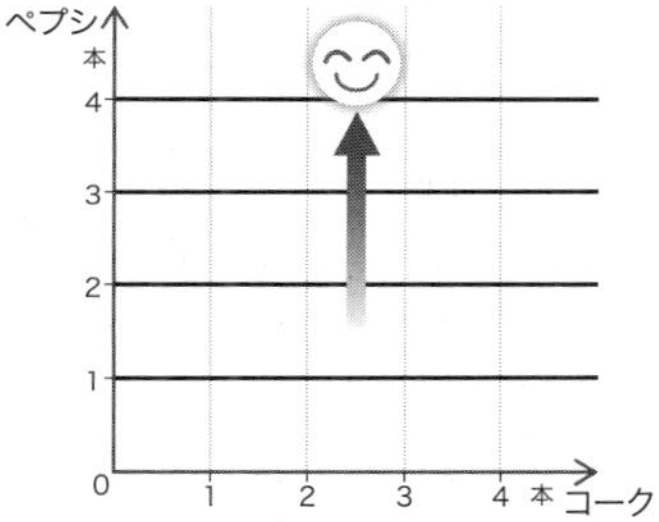

図1-6　父の無差別曲線

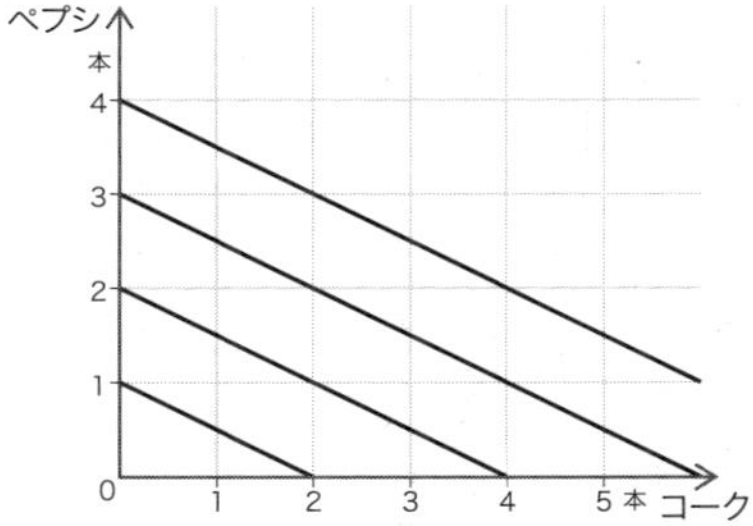

図1-7　ほどほどのペプシファンの無差別曲線

右の靴と左の靴(補完関係)

僕にとってコークとペプシは完全な代替関係にある。では逆に、代替関係がまったくない財には、どのようなものがあるだろう。そこで右の靴と左の靴を考えてみたい。

さて、あなたは靴の片方だけが、だめになったことがあるだろうか? たとえば右の靴だけが穴が開いたとか、底がすり減りすぎたとか、ひどい傷がついてしまったとか。

僕はある。発色のよいスニーカーの右足についた汚れを落としているとき、うっかり塩素系漂白剤をかけて、あざやかな青色が絶望的に滲んでしまった。

ではそんなとき、左の靴はどうなるだろう。左の靴はダメになっていないけれど、もはやそれは使えないも同然である。左の靴は、右の靴と一緒に使われねば、歩行の役に立てないからだ。両者は互いに互いの不足を補い合う(完全な)**補完関係**にある。

右の靴をヨコ軸に、左の靴をタテ軸にして、組み合わせへの好みをあらわす無差別曲線を描いてみよう。まずは両者が1つずつあるのが(1, 1)だ。ここで右の靴を1つもらったら(2, 1)になる。でも右だけもらっても、とくに有り難くはなく、(1, 1)と(2, 1)は無差別だ。ここでさらに右の靴を1つもらって(3, 1)になっても、やはり有り難くはない。つまり(3, 1)と(2, 1)は無差別だ(図1-8)。

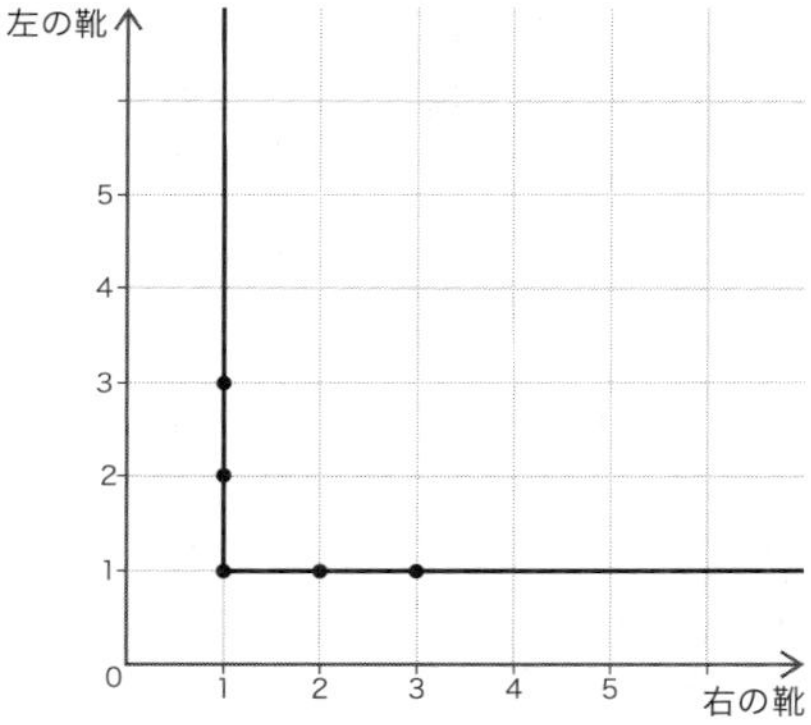

図1-8　点 (1,1) を通る無差別曲線.
完全な補完関係にある財の無差別曲線はL字形になる

さらにいうと、最初の状態(1，1)と、左の靴がひとつ増えた(1，2)や、そこからさらに左の靴が増えた(1，3)も、やはり無差別だ。そしてまた(2，2)を通る無差別曲線や、(3，3)を通る無差別曲線も、同じように描ける(図1-9)。

なお、これは「典型的な人」の無差別曲線だ。右足が不自由で、左足の靴だけを使う「典型的でない人」の無差別曲線は、ペプシのみを好む父と同じ形状の無差別曲線となる。ペプシのみに反応するように、左の靴のみに反応する。

典型的な無差別曲線

2つの財が、僕にとってのコークとペプシほど取り換え可能な代替関係にあることや、右の靴と左の靴のようにセットでないと使えない補完関係にあることは、おそらく稀だろう。

多くの場合、2つの財は、それなりに代替性があったり、補完性があったりする。パンとコーヒーでいうと、両方とも朝食にほしいけれど、両方ともにないよりは、どちらか一方だけでもあったほうがよい。お金と休暇だと、両方ともほしいけれど、休んでばかりだと生活資金がなくなるし、働いてばかりだと心身に悪い。まともな食事とワークライフバランスがほしい。多くの場合、人はそれなりにバランスのとれた財の組み合わせを好む。

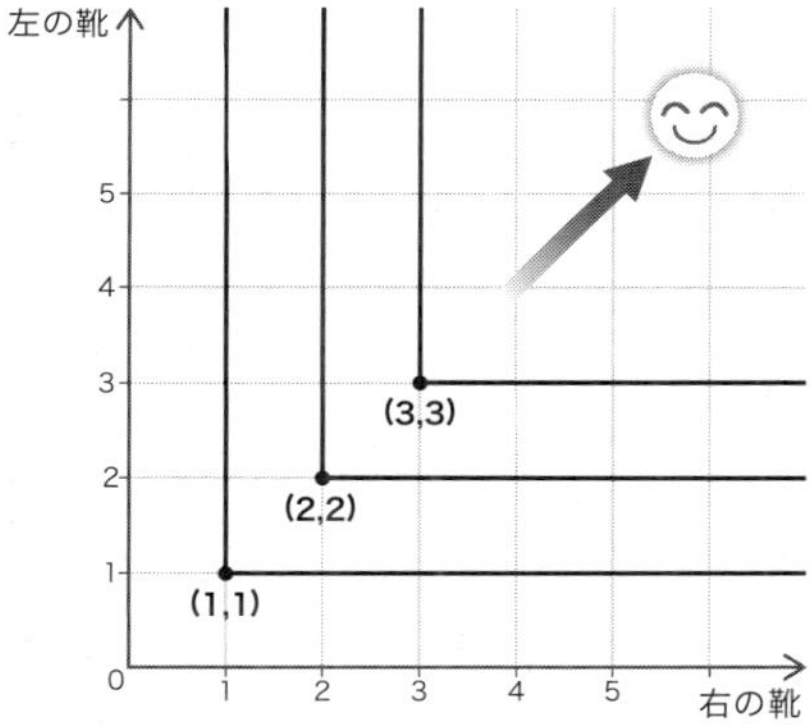

図1-9　点(2,2)や点(3,3)を通る無差別曲線も追加

図1-10と図1-11は、僕にとってのコークとペプシへの無差別曲線(真っ直ぐな線)と、右の靴と左の靴への無差別曲線(直角に折れた線)を再掲したものだ。これらの「あいだ」な無差別曲線が、図1-12にある。真っ直ぐな線と、L字形の直角に折れた線のあいだだから、なめらかなカーブの形状をしている。つまり完全に代替的でもなく補完的でもない、より典型的な無差別曲線を考えると、図1-12のような、なめらかなカーブの線になる。

こうなると無差別「曲線」という呼称はぴったりだ。実際、典型的な無差別曲線としては、直線ではなく、曲線を考えるほうが適切だ。コークとペプシの例でいうと、直線の無差別曲線は、僕のように「コークとペプシはつねに同価値」、父のように「ペプシのみに価値」、あるいは図1-7の人のように「コーク2本とペプシ1本はつねに同価値」といった、ひどく単純で規則的な好みをあらわすからだ。だが大抵の人は、そこまで単純で規則的な好みをもちはしないだろう。

人が財の組み合わせに対してもつ選好は、無差別曲線によってあらわされる。もちろん選好は人により大いに異なりうる。図1-13の無差別曲線であらわされる選好の人でいうと、AをBより好み、BとCを等しく好む。Aの無差別曲線は、Bの無差別曲線より上にあり、またBとCは同じ無差別曲線にあるからだ。

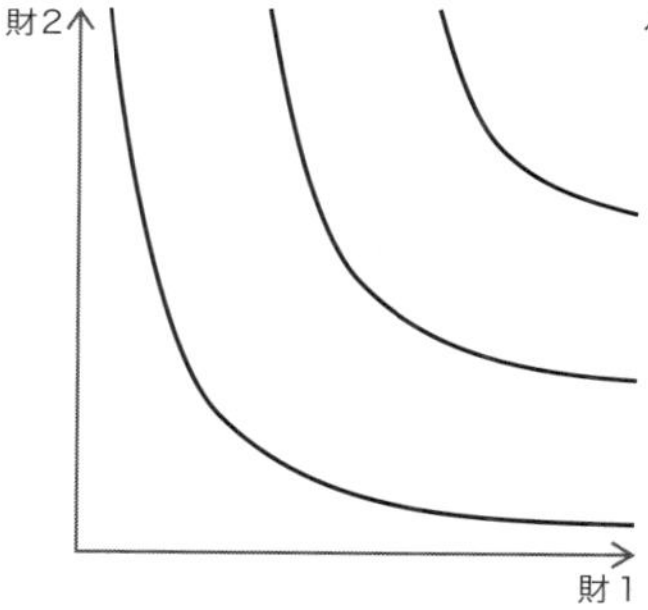

図1-12 完全な代替関係と完全な補完関係の「あいだ」な，より普通の無差別曲線

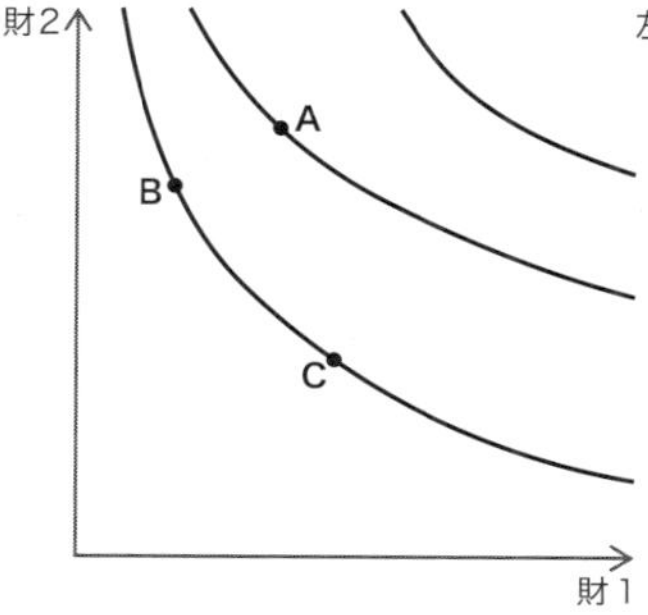

図1-13 ある人の無差別曲線．AをBとCより好み，BとCを等しく好む

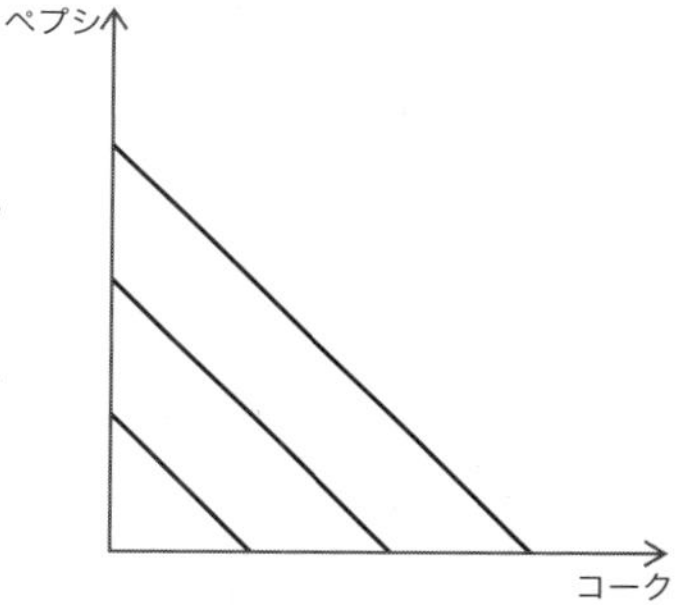

図1-10 完全な代替関係

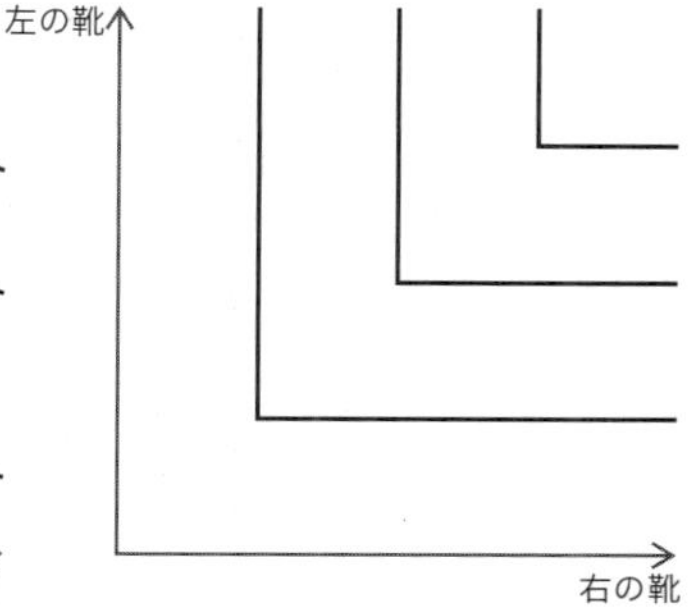

図1-11 完全な補完関係

人の好みは多様だから、カーブの形状にはさまざまなものがありえる。そして同一人物のなかでも、別々の無差別曲線は、別々のカーブの形状でありえる。図1-14はその一例で、Aを通る無差別曲線と、Cを通る無差別曲線は、カーブの形状が異なっている。この図はこの章のゴールであり、とくに重要なことをおさらいしておこう。

- 同一の無差別曲線に乗っている点は、その人にとって無差別である。たとえば点Aと点Bは無差別である。
- 上方の無差別曲線ほど、その人にとって好ましい点を乗せている。たとえば点A(や点B)は点Cよりも好ましく、点Cは点Dよりも好ましい。

技術的な注意をひとつ述べておこう。これまで「コークを2本」や「ペプシを3本」のように、財の数を整数でのみ表してきた。でも、これからは「コークを2.5本」といった、整数でない数も許容していく。整数だけで話を進めると、図の格子点のみに着目せねばならず、不必要に話や作図がややこしくなるからだ。また、たくさんコーラを消費する長期的なことを考えれば、小数点以下の「0.5本」はわずかな量だから、実際にはあってもなくても同じようなもの。ならば、あることにして、話や作図をシンプルにしたい。

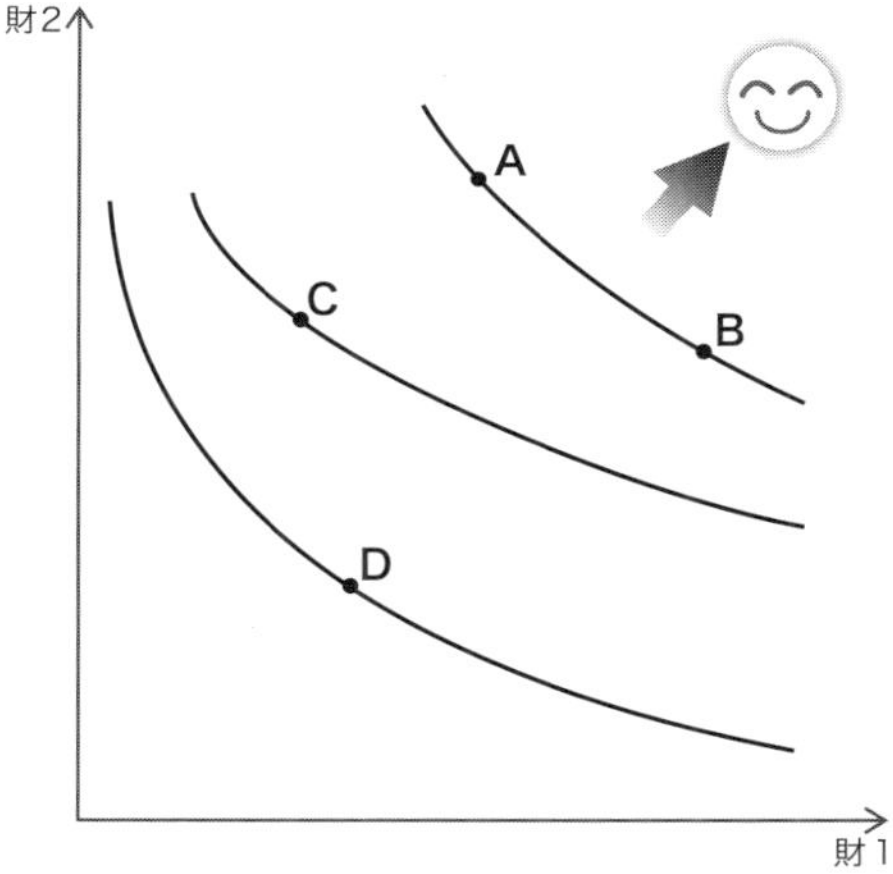

図1-14　ある人の好みを表す無差別曲線.

ここでは３本の無差別曲線しか書いていないが, 実際にはこの人の無差別曲線は無数にあり, この図を埋め尽くしている. ただし線を増やすと図がわかりにくくなるので, 図解では必要なもののみ書く

第2章 予算線と最適化

何が買えて何を選ぶのか

第１章では無差別曲線により消費者の選好を図示した．第２章では消費者は「どのような買い物ができるか」と「どの買い物を選ぶか」を図示していく．どのような買い物ができるかは，自分の所得と，財の価格により定まる．どの買い物を選ぶかというと，所得と価格が許す範囲で，自分にとって最も好ましいものを選ぶ．第２章で個々の消費者のセットアップができあがる．

購入できる買い物

予算のことなんか何も気にしないでパーッとお金を遣うのはとても楽しい。でもそんなことをやっていては生活がもたない。だから予算のことは気にするし、値段のことも気にする。ものを買うときにはそれなりに考える。はたから見て賢明な選択をするかはともかく、心のなかの欲求を見つめ、思考を働かせる。そして何かを選択し、別の何かを諦める。

この章で扱いたいのは、そうした人間の選択行為だ。限られた所得のもと、人はいかなる買い物をするのか。それを図示して、今後の経済分析の土台を築いていこう。

買い物をするひとりの個人を**消費者**と呼び、彼が使えるお金を**所得**と呼ぶ。扱いやすい数字として、彼の所得は6円だとしよう。いや、6円とは少なすぎると金額が気になる人は、ここで出てくるすべての数字を心のなかで何倍かして読み進めてくれてもいい。たとえば6円を1兆倍すると所得は6兆円となりゴージャスでいいかもしれない。

買い物する財は2種類、パンとコーヒーとしよう。パンの価格は1個1円、コーヒーの価格は1杯2円とする。なお、先ほど心のなかで所得を6兆円にした人は、パンの価格は1兆円、コーヒーの価格は2兆円とせねばならない。せっかく6兆円あっても、そんなに価格が高いのではゴージャスではないから、やはり１兆倍にはしなくてよいかもしれない。買い物で重要なのは、所得と価格の相対的な比率であって、所得と価格の絶対的な値ではない。給料が２倍になっても物価まで２倍になったら暮らし向きは変わらない。これはいまから予算線なるものを作成していくと、とくによく分かる。

話を簡単にするため、買い物で所得は使い切ることにする。そして、そのように使い切る買い物を**予算適合**だという。実際には大抵の人は、買い物で所得を使い切りはしないだろう。でもそれは「貯蓄に使う」とみなせる。つまり実際にも消費者は、買い物か貯蓄かのかたちで所得を使い切るのだ。そして、議論の本質をつかむうえでは、パンとコーヒーの２財でこと足りる。だから、ここではパンとコーヒーのみ扱い、所得は使い切ることにする。

彼は６円の所得をすべてパンに使うこともできるし、すべてコーヒーに使うこともできる。もちろんパンとコーヒーをいくらかずつ買うことはできるし、実際には多くの人がそのような選択をするだろう。

まずは彼にとって予算適合なパンとコーヒーの組み合わせを考えていこう。それらの点を図上に描くと、どうなっているのだろうか。結論からいうと、それらの点をつなぐと直線になる。逆にいうと、その直線の上に乗っているのが予算適合なパンとコーヒーの組み合わせとなる。

その線を**予算線**という。肝心なのは、線が曲線ではなく直線ということだ。それを作図で確認していこう。

予算線の作成と性質

予算適合な買い物のなかでも、とくに分かりやすいものから考えていこう。パンだけとか、コーヒーだけとかは、とても分かりやすい。

パンだけ買うなら、所得が6円で価格が1円なので、最大6個買える。このときコーヒーの量はゼロ。図2-1の点A(6, 0)がこれにあたる。コーヒーだけ買うなら、所得が6円で価格が2円なので、最大3杯買える。このときパンの量はゼロ。図2-1の点B(0, 3)がこれにあたる。

もうちょっと極端でない買い物も考えてみよう。たとえばパン2個とコーヒー2杯の組み合わせだ。これはパン2個に2円とコーヒー2杯に4円を払うので、6円の所得で買える。図2-1の点C(2, 2)がこれにあたる。また、パンを4個とコーヒーを1杯という組み合わせも予算適合だ。こちらはパンに4円とコーヒーに2円を払うので、やはり6円の所得で買える。図2-1の点D(4, 1)がこれにあたる。点ABCDをつなぐと直線になっている(図2-2)。

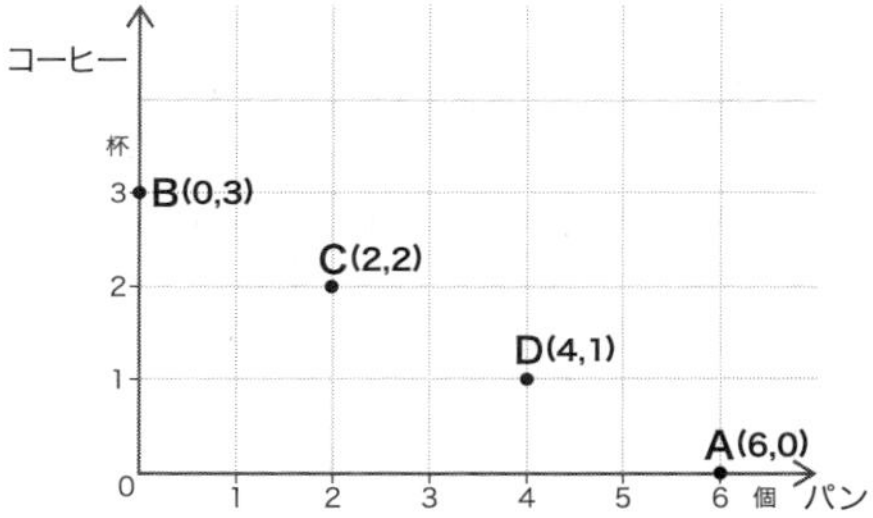

図2-1　点ABCDはいずれも予算適合な買い物

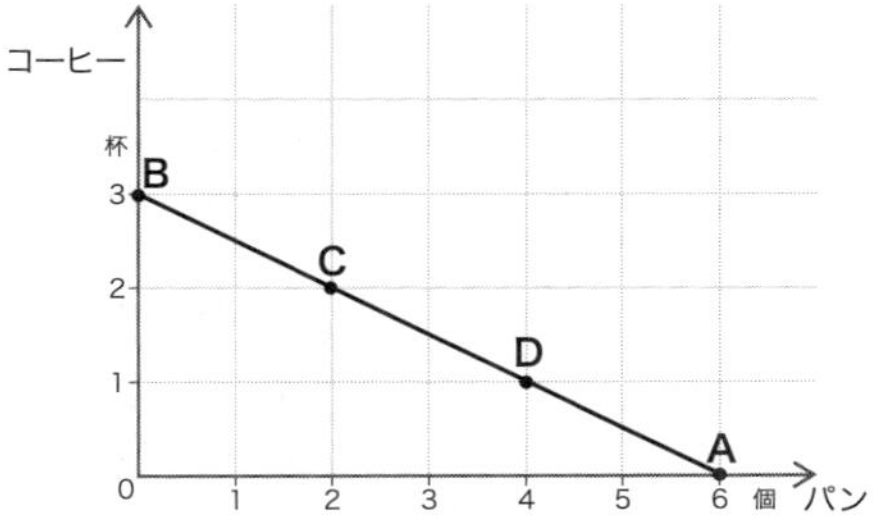

図2-2　点ABCDをつないだ線

予算適合な買い物は、点ＡＢＣＤだけではない。それらの点をつないだ線上のどの点も予算適合だ。たとえば線上の点（3，1.5）を考えてみよう。パン3個の値段は計3円で、コーヒー1.5杯の値段は計3円なので、足し合わせると6円だ。つまり（3，1.5）は予算適合になっている。こうして分かるように、この直線が予算線だ。予算線の特徴を3つあげよう。

1つ目。予算線の上側にある点は予算をオーバーし、下側にある点は予算が余る（図2-3）。たとえば予算線の上側にある（3，2）は、3×1円＋2×2円＝7円なので予算オーバーだ。また、予算線の下側にある（3，1）は、3×1円＋1×2円＝5円なので予算が余る。

2つ目。所得が増えると予算線は右上に拡大する。たとえば所得が2倍の12円になったとしよう。このとき買える財の量は2倍になる。パンだけなら12個買えて、これは図2-4の（12，0）にあたる。コーヒーだけなら6杯買えて、これは図2-4の（0，6）にあたる。これら両点をつないだ線が、所得が倍増したときの予算線で、右上に拡大している。

3つ目。所得と価格が等倍したら予算線は変わらない。たとえば所得が2倍の12円になったが、パンとコーヒーの価格もそれぞれ2倍の2円と4円になったとする。このとき予算線に変化は生じない。なぜならパンだけを買う点が（6，0）で、コーヒーだけを買う点が（0，3）で、これらの点をつないだ線はもとの予算線と一致するからだ。

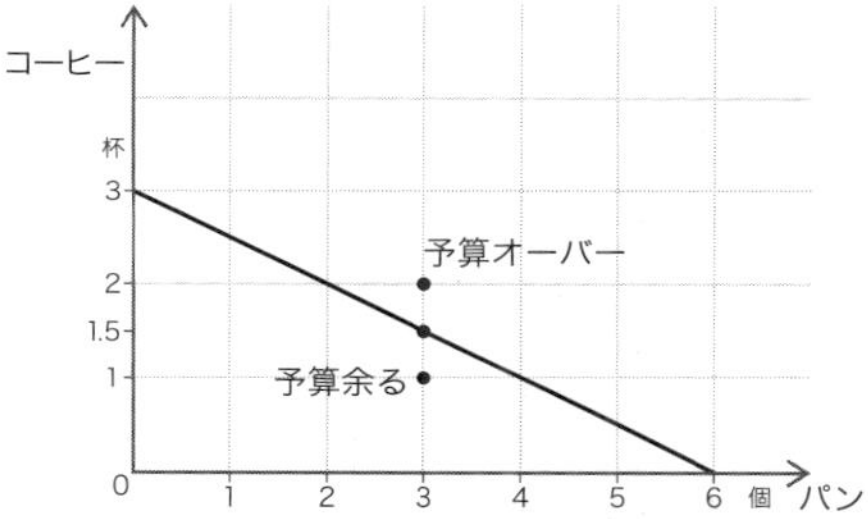

図 2-3　予算線の上側にある点は予算オーバー，予算線の下側にある点は予算余る

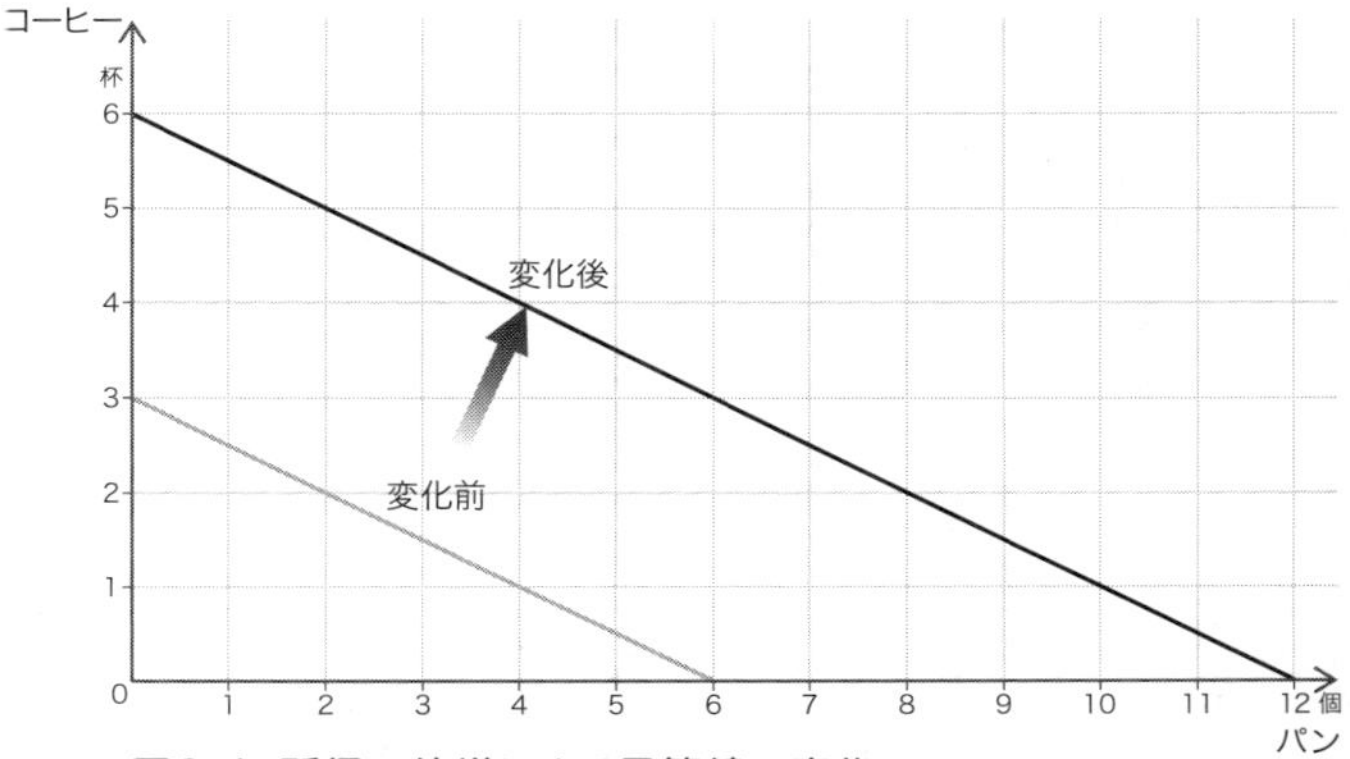

図2-4　所得の倍増による予算線の変化

先ほど述べたように、これが給料が2倍になっても物価が2倍になってしまったら、買えるものは何も変わらないということだ。これは2倍でも1兆倍でも同じことだ。

予算線上の最適化

消費者は予算適合な買い物の組み合わせのなかで、どれを選ぶだろう。これを予算線と無差別曲線を用いて考えていこう。

いま図2-5の無差別曲線があらわす選好をもつ消費者がいて、これまでと同じくパンが1円、コーヒーが2円、所得が6円だとしよう。結論からいうと、彼は予算適合なもののなかで自分にとってベストな(4, 1)を選ぶと考えられる。

では、なぜその点がベストといえるのだろう。予算線に乗っている他の点、たとえば(3, 1.5)と比べると、(4, 1)を通る無差別曲線のほうが上にある。同様に、やはり予算線に乗っている(2, 2)と比べても、(4, 1)を通る無差別曲線のほうが上にある。予算線に乗っている他のあらゆる点と比べて、(4, 1)を通る無差別曲線のほうが上にある。この(4, 1)のように、予算適合な買い物の組み合わせのなかでベストなものを**最適解**という。

図2-5を見てみると、(4, 1)を通る無差別曲線の特徴とは、(4, 1)で、予算線ときれ

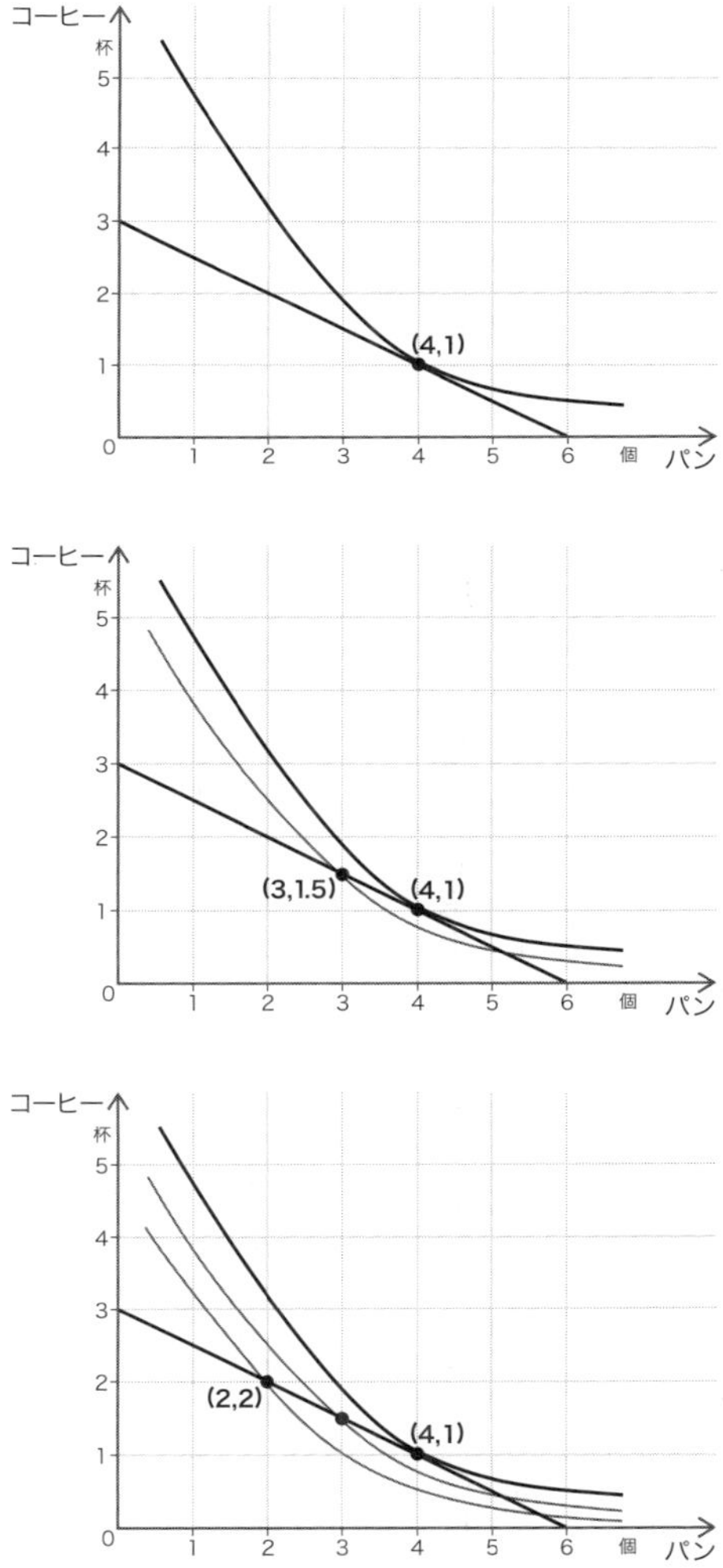

図2-5　無差別曲線が予算線と接する(4,1)が最適解

いに接していることだ。そして無差別曲線は人によって異なるから、最適解は人によって異なる。この人はたまたま（4，1）で無差別曲線と予算線が接しているから（4，1）が最適解になっている。でも、（2，2）で接している人は、そこが最適解となる。

最適解を「最適」という理由は、彼が取りうるすべての選択肢のなかで、それが彼にとって最も好ましい点だからだ。そして、これは最適解が、賢慮に満ちあふれた選択肢であることを意味するわけではない。仮に、ある人がアルコール中毒で、所得をすべてお酒に使うことを選んでも、それはここでいう最適解だ。つまり、ここでの「最適」とは、あくまで本人のその時点での主観で最適ということだ。

経済学ではこの意味での最適な選択を、**合理的な選択**ということが多い。合理的な選択というと、いかにも冷静に的確に、賢明な選択をしているように聞こえるが、経済学では通常そうした意味は込められていない。

ときどき経済学に対して「経済学が想定するほど実際の消費者は賢明に選択しているとは限らない」といった批判がなされることがある。でもこれまでの説明から明らかなように、その批判は勘違いにもとづくものだ。批判したいなら「経済学は、消費者がはたから見て確実に愚かな選択をしても、それを非難しない傾向が強い」というほうが適切だろう。

消費者は、所得と価格が定める予算制約のもとで、以上に述べた意味での最適解を選ぶ。少なくとも基本レベルの経済学では、消費者をそのように捉える。これは「買い物では自分がほしいものや、必要なものを買う」(ほしくないものや、必要ないものは買わない)ことを、消費者の選択の原則と見るものだ。また、これは各人の買い物の好ましさの判定者は、その人自身である、という考えにもとづくものだ。

読者のなかには、自分は最適と呼べるほど上手くは選べていないと感じる人もいるだろう。自分はつい余計な物を買ってしまったり、あるいはたんに適当に選んでいると。もしかすると、この本をそのように買ってしまった人もいるかもしれない。どうもありがとう。

それでもコンビニやスーパーや本屋では、相当程度、自分の予算の範囲内で、売られている物の価格を見て、ほしいものを選択しているはずなのだ。なんせコンビニやスーパーや本屋には、驚くほど多くの何千何万といった品数の商品がある。本当に余計に物を買ってしまったり、適当に選んでいては、買い物カゴは不要なものだらけになる。山ほどある品数のなか、ルーレットでランダムに買う物を選ぶことを想像してみれば、案外と自分が自分好みに予算の範囲内で選んでいることが分かるだろう。

医療保険政策への応用

ここで予算線上の最適化を用いる簡単な政策分析をやってみよう。

日本には国民皆保険という制度があり、すべての国民がどこかの健康保険組合（あるいはそのような団体、以下まとめて「健保」と略称）に加入することになっている。患者が医療サービスを受けたとき、医療費のうち自己負担するのは一部だけだ。２０１３年でいうと日本の国民医療費は40兆円を超したが、そのうち自己負担分はおよそ5兆円だった（厚生労働省　平成25年度　国民医療費の概況）。

いわゆるサラリーマンとその家族は、医療費の自己負担率が3割であることが多い。つまり患者は医療費の3割を病院の窓口で支払う。そして患者の加入する健保が、残りの7割を病院に支払う。健保の原資は保険料や税金だ。

健保が病院に医療費の7割を支払うのは、医療サービスそのもの（の7割）を患者に与えるものだと解せる。これを**現物給付**という。この現物給付を、「使途を限定しない見舞金」を患者に支払う**現金給付**と比較してみよう。もちろん見舞金は医療費にも使える。民間保険会社の医療保険には、加入者が特定の疾病にかかったら、まとまった保険金を支払うものが多くあるが、これは現金給付だ。

これから公的な国民皆保険の枠組みのなかで、現物給付と現金給付とを比較していこう。財としては「医療サービス」と「お金」の2種類を考える。「お金」を財というのに違和感をもつ人がいるかもしれないが、これは「医療サービス以外に使うお金」だと考えればよい。

いま、ある人の所得は30円だとしよう。名前があると呼びやすいので、次郎と呼ぶ。医療サービス1単位の価格を10円とし、次郎の自己負担率を3割とする。つまり次郎が医療サービス1単位を病院から購入したとき、自分が支払うのは3円で、残りの7円は彼が加入する健保が支払う。だから次郎にとっての医療サービス1単位の価格とは3円だ。

さて、次郎は病気にかかってしまった。どの程度の医療サービスを受けるかは、次郎が選択する。もし30円の所得をすべて医療サービスに使うと、最大10単位まで買える。もしいっさい医療サービスにお金を使わないなら、30円の所得がまるごと手元に残る。これは、次郎が予算適合な(医療サービス，お金)の組み合わせを1つ選ぶということだ。

これから次郎の予算線を引いて、最適解を探してみよう。彼の最適解とは、予算線と無差別曲線とが接している点だ。

図2-6は次郎の状況を描いている。ヨコ軸が医療サービスで、タテ軸がお金を表している。所得をすべて医療サービスに使い切る(10，0)と、いっさい医療サービスを使わない(0，30)

をつなぐ線が予算線だ。そして、次郎は予算線の上で最適解(8，6)を選ぶ。次郎の自己負担率は3割なので、彼が病院に支払うのは8×3円＝24円だ。そして健保が残りの7割ぶんの8×7円＝56円を病院に支払う。

ここで図2-6にある次郎の無差別曲線を見てみよう。注目したいのは、(8，6)と(2，50)が無差別なことだ。

そこで次の新制度を考えてみよう。次郎は医療費をすべて自己負担するが、健保は次郎に何にでも使える見舞金40円を支払う。この現金給付の新制度のもとで、次郎の予算線は変わる。所得が計70円に増えるし、医療サービス1単位の価格は10円に上昇するからだ。次郎の新たな予算線は、所得すべてを医療サービスに使う(7，0)と、いっさい医療サービスにお金を使わない(0，70)の、2点をつなぐ線だ。この新たな予算線と、次郎の無差別曲線は、(2，50)で接する。これが次郎の最適解だ。つまり彼は新制度のもとで(2，50)を選ぶ。

健保の支払額は、旧制度だと56円だが、新制度だと40円ですむ。そして次郎にとって、旧制度のもとで選ぶ(8，6)と、新制度のもとで選ぶ(2，50)は無差別だ。つまり健保は次郎の満足を維持したまま、支払額を抑えられる。なんなら健保は見舞金をもっと次郎に支払ってもかまわない。見舞金が40円と56円のあいだなら、この新制度への変更により健保は支払額を抑え

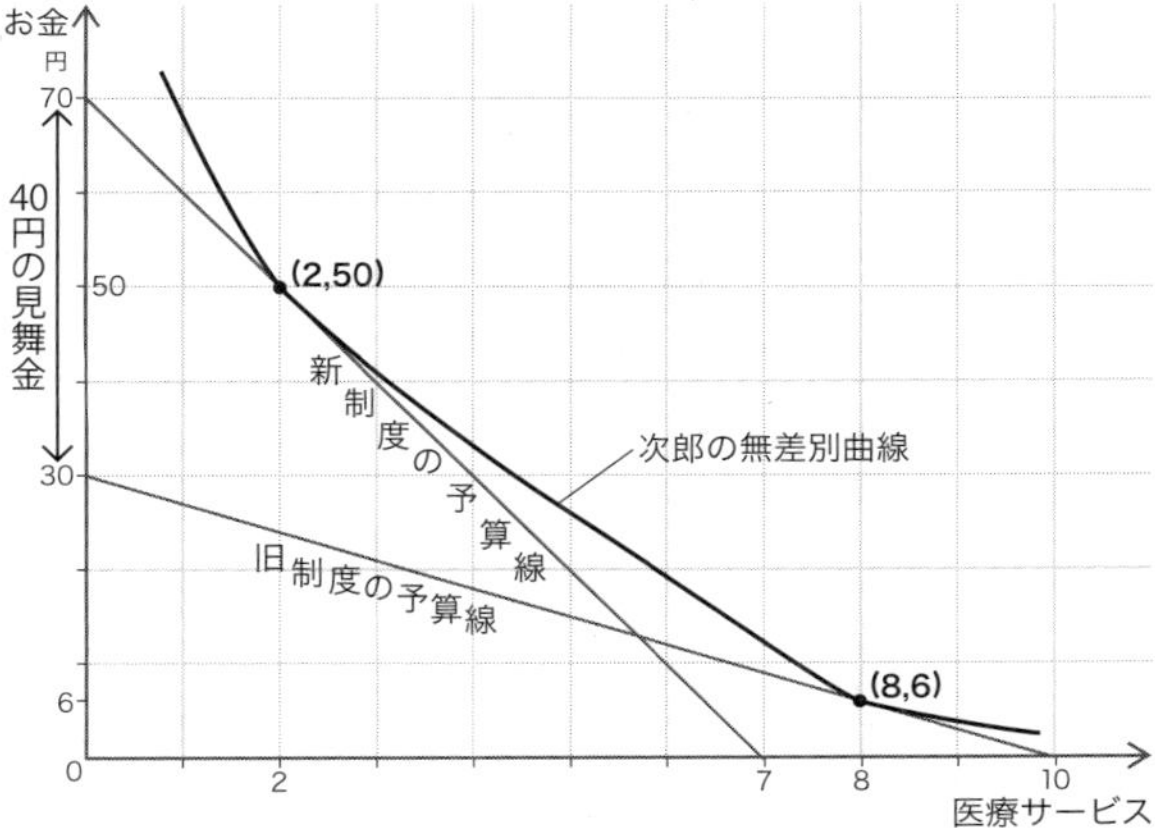

図2-6　次郎の最適解はどこだ？

られ、次郎は旧制度での最適解（8，6）より好ましい状態に移れる。

以上の議論は、現金給付のほうが現物給付よりも、健保にも次郎にも好ましいという主張につながるものだ。しかし話はそう単純ではない。現物給付を肯定する3つの論点を次にあげよう。

（論点1）制度の悪用

たしかに健保にとっては、次郎に見舞金40円を支払うほうが、病院に医療費56円支払うよりも安上がりだ。だが、この「40円」で安上がりにできると分かるのは、ここでの議論で、健保は次郎の選好を知っていると想定していたからだ。だが一般に、選好は各人の心のなかにあるもので、健保は加入者一人ひとりの選好を知らない。

では、健保が次郎に「いくらあなたに見舞金を払ったら、あなたの10割負担にしてくれますか」と尋ねたら、次郎は正直に答えてくれるだろうか。つまり、次郎は「現金を40円くれたら、医療費を10割負担にしてくれてもいいですよ。そのお金で自分は（8，6）と無差別な（2，50）を選びますから」のように教えてくれるだろうか。次郎がこれ幸いと高額の見舞金を要求してきたら、健保の財政は改善されない。

また、何にでも使える見舞金だと、それ目当てにわざとケガをする人が現れるかもしれない。これは現物給付なら起こらないことだ。つまり現金給付は、現物給付より悪用されやすい。

（論点2）人々の支持

仮に（1）で述べた悪用が起こらないとしても、「ケガや病気をした人に、本来かかるはずの医療費よりは安いけれど、何にでも使える見舞金」をあげる現金給付の制度を、人々は支持するだろうか。たとえば、肺炎をこじらせた患者が見舞金で、病院ではなくパチンコに行くことに、社会の多くの人は寛容でいるだろうか。もしそれを嫌がる人が多いならば、民主的な政治体制のもとでは、そのような見舞金は公的制度としては実現しにくい。なお、これは見舞金でパチンコに行くのが倫理的に悪いという話ではなく、多くの人が嫌がると民主制のもとでは実現しづらいという話である。

（論点3）必要原理

社会の目的は、人間がともに必要とするものを充たすことだという考えを**必要原理**という。医療サービスは人間がともに必要とするものと考えてよいだろう。だから、ケガや病気をしたときには、社会はその人に現物給付の医療サービスを与えるべきである。むろんこの考えは、医療は誰もが求める必要だから社会が支える、パチンコはそうでないから支えない、という必要(ニーズ)と欲望(ウォンツ)の区分をあらかじめ前提としている。

予算線と選好を用いたミクロ経済学的分析は、現金給付のよさを指摘する。ただし制度の悪用、人々の支持、必要原理といったことを考えると、現物給付のほうが好ましいとなる。現金給付と現物給付のどちらが総合的によいのか、これらの話だけで結論づけることはできない。とはいえここで、ミクロ経済学が有用な政策分析ツールたりえること、またミクロ経済学だけで政策を論じるのは不十分ということが分かったのは十分な収穫である。

第3章 需要曲線

いくらなら，いくつ買うのか

第1章と第2章では個々の消費者のセットアップを行った．個々の消費者は意思決定の基本単位であり，いわばミクロな存在である．第3章ではそうした消費者たちを，1つのマクロなまとまりとして扱うツールを作りあげる．それが需要曲線だ．需要曲線は，市場において，ある価格のもとで，消費者たちが財をいくつ買うかをあらわす．

最適解の変化

僕は大学院生のとき米国に貧乏留学をしていて、ある時期までひと月800ドルで生活していた。感覚としては東京の郊外で、月8万円で一人暮らしするようなものだろうか。不可能ではないがシビアな金額だ。学生寮の家賃が380ドルで、電話の基本料金が20ドルほどかかり、残りの400ドルで何とか生活していた。

僕が住んでいたのは米国有数の豪雪地域であるロチェスター市で、一年の半分ほどが雪に包まれ、暗い雲が空を覆う。ロチェスター市はニューヨーク州の北西部にあるが、華やかにきらめくマンハッタンとは500キロほど離れており、不況に襲われた市内中心部のデパートはすべて閉鎖されていた。勉強以外に何ひとつすることがない街だ。大学院は競争が激しく、成績が悪いとすぐ退学になるから、僕の精神状態はいつも緊迫していた。

ところで僕はコーヒーが好きだ。

さびれた街を吹雪が舞い、目の前も、未来も見えなくなりそうな日には、せめて温かいコーヒーで心を休めたい。そしてよく覚えているのだけれど、僕は当時、キャンパスの店舗で売られていた1杯1.5ドルのコーヒーを1回も買えなかった。

そんな生活を2年ほど送り、しかも留学資金が底をついたとき、応募していた学内の研究所の奨学金に当たった。

このおかげで僕の毎月の生活費は1200ドルに上がった。このときまず生活習慣に加わったのが、1.5ドルのコーヒーを毎晩、大学キャンパスからの帰りがけに買うことだった。このときの僕のコーヒーのように、所得が増えたときに消費が増える財を**上級財**という。これと逆に、所得が増えたときに消費が減る財を**下級財**という。

僕のコーヒーの購入量には、当然ながら価格も影響する。もしコーヒーの価格が0.5ドルだったら、きっと僕は毎月の所得が800ドルであったときでさえ、たまにはコーヒーを買っていただろう。所得と価格により、最適解は変わる。

消費者余剰

ここからは所得を固定して、価格と購入量の関係に着目してみよう。通常、価格が高いと購入量は減り、価格が安いと購入量は増える。そして一般的な傾向として、ものは消費すればするほど有り難みが減る。たとえば僕はコーヒー1杯目に最大4ドルまでなら払ってよいけれど、2杯目には最大2ドルまでしか払いたくない、そして3杯目には最大1ドルまでしか払いたくない、というように。

これからコーヒーの購入により僕が「トクしたぶん」を金額で測ることを考えていこう。なぜそんなことをするかというと、「消費者にとっての市場のよさ」を測るモノサシがほしいのだ。僕がトクしたぶん、他の消費者がトクしたぶん、それらを足し合わせたものを、消費者にとっての市場のよさとする。そんなよさのモノサシがあると、ある状態の市場と、別の状態の市場の、どちらが消費者にとって好ましいかを判断しやすくなる。

いまコーヒー1杯の価格が1.5ドルだとしよう。僕はこの価格なら2杯買う。3杯目を買わないのは、3杯目には最大1ドルまでしか払いたくないからだ。ここで僕の**余剰**は次のように計算する。1杯目については4ドルから価格の1.5ドルを引いた額2.5ドルで、2杯目については2ドルから価格の1.5ドルを引いた額0.5ドル。これらを足し合わせると3ドル。つまり価格が1.5ドルのときの、僕にとっての市場のよさは3ドル。

この、僕の余剰を表したのが図3-1だ。ヨコ軸がコーヒーの杯数で、タテ軸は金額だ。この図には僕と別の人(次郎)の余剰も載せてある。次郎は、1杯目については最大5ドルまで、2杯目については最大3ドルまで、3杯目については最大2ドルまで払ってよい、でも4杯目については最大1ドルまでしか払いたくない、と思っている。コーヒー1杯が1.5ドルのとき、3杯買う次郎の余剰は5.5ドルになる(3.5＋1.5＋0.5＝5.5ドル)。

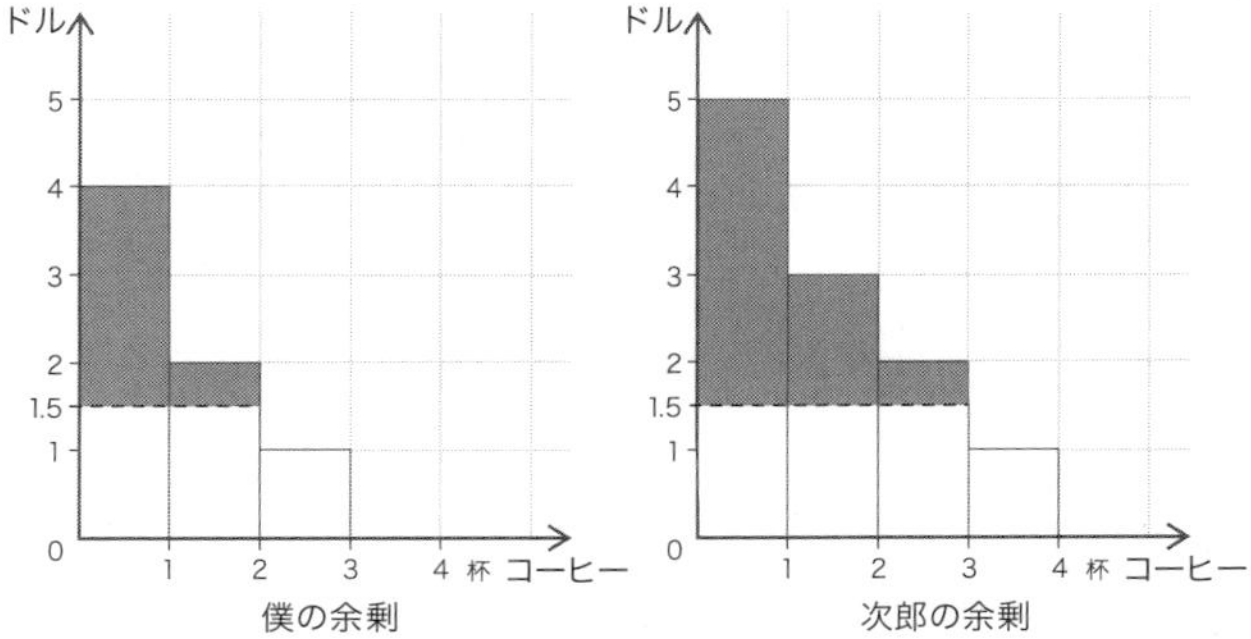

図3-1　僕の余剰と次郎の余剰.
コーヒー1杯1.5ドルのとき, 僕の余剰は3ドル, 次郎の余剰は5.5ドル

だからコーヒーの価格が1.5ドルのとき、僕と次郎の余剰の合計は8.5ドルとなる（3＋5.5＝8.5ドル）。こうして計算された、すべての消費者の余剰の合計を**消費者余剰**という。このコーヒー屋の客が、僕と次郎だけだとすると、消費者余剰は8.5ドルだ。消費者余剰は、消費者たちの「もっと払ってもよかったけど、払わずに済んだぶん」を足し合わせた額であり、その意味での「トクしたぶん」の合計である。

図3-2は、図3-1の僕と次郎の図を、ヨコに足し合わせて作ったものだ。この図にある階段状の太線を**需要曲線**という。需要曲線Dは、ある価格pのもとで売れる総量である需要$D(p)$をあらわす。いまの例でいうと、コーヒーの価格が1.5ドルのとき需要は5杯になる。これは僕の2杯と次郎の3杯との合計の5杯だ。もちろん価格が変わると需要は変わるので、価格が2.5ドルなら需要は3杯だ（僕が1杯、次郎が2杯）。価格が下がると需要は上がるのが通常だから、需要曲線を描くときには右下がりに描く。ただし、この章のおわりで、価格が上がると需要が増える例外的なケース「ギッフェン財」について述べる。

消費者の数が多いと需要曲線はなめらかに見える（図3-2）。価格pのもとでの消費者余剰は、需要曲線のpから上側の面積になる。消費者余剰を面積の図であらわすとビジュアルだけで「ああ、この大きさね」とつかめるから便利だ。

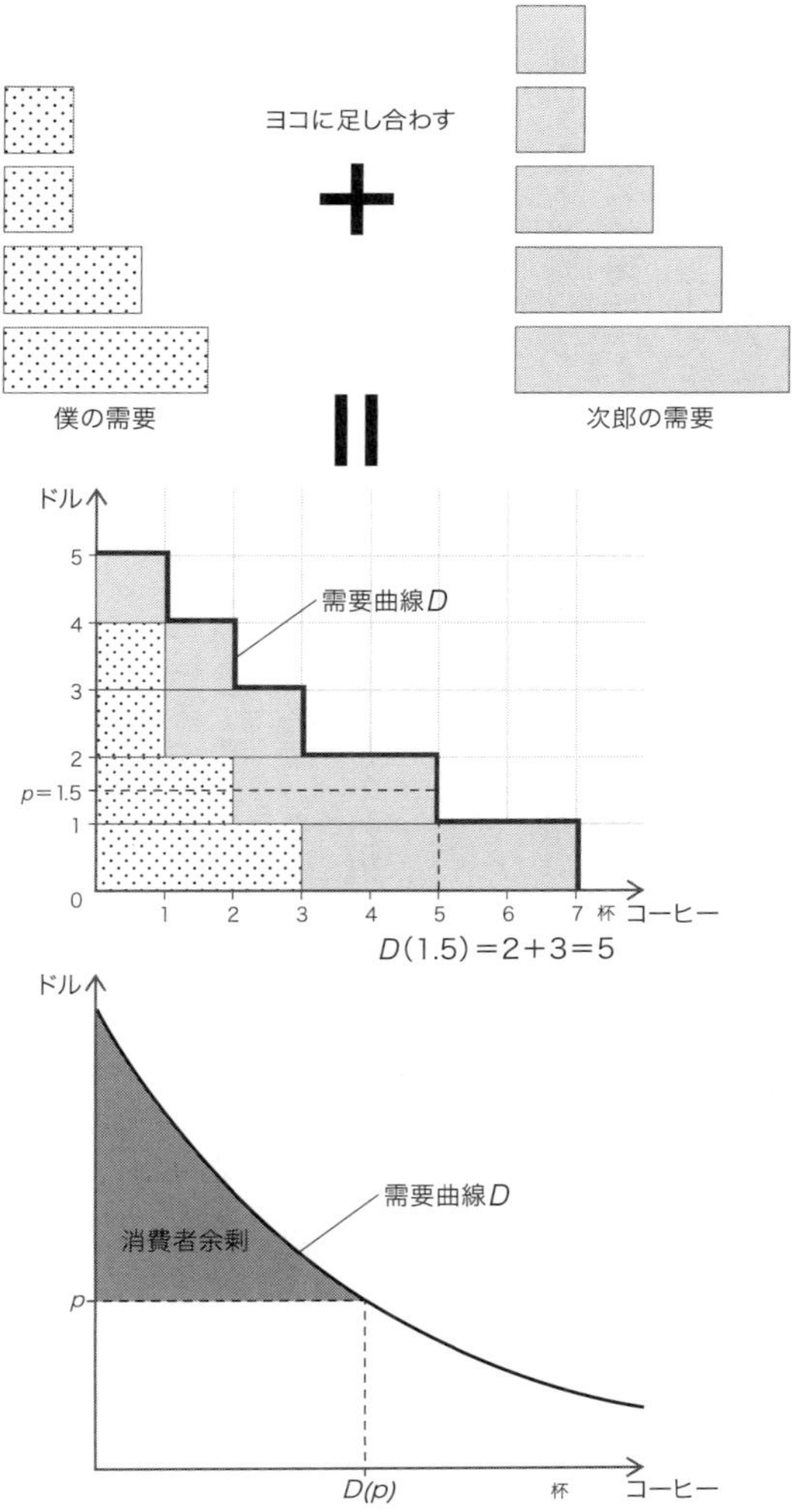

図3-2 需要曲線を描く．僕の需要と次郎の需要をヨコに足し合わせて作る．消費者が沢山いると需要曲線はなめらかになる

独占販売店の価格設定

コーヒーを販売する人の立場から、需要曲線を考えてみよう。説明の便宜上、彼をジョンと呼ぶことにする。ジョンの問題はコーヒー1杯の価格をいくらに設定するかだ。

ジョンは長年、同じ場所でコーヒーを売ってきて、過去の値上げや値下げの経験から、「この価格なら何杯売れる」ことが分かっている。つまりジョンは需要曲線Dの形状を知っている。たとえば価格を5ドルにすると1杯も売れず、また価格を0ドルに近づけると需要が5杯に近づく。ではジョンにとって最も儲かる価格はいくらだろう。なお、ここでジョンのコーヒー屋の周囲にライバル店はいない、つまり価格競争の相手はいないとする。いま需要曲線が直線で、またコーヒーの提供にかかる費用は1杯1ドルとしよう(図3-3)。

コーヒー1杯の価格をpドルにすると、1杯あたりの売上がpドルで、費用が1ドルなので、儲けとなる差額は$p-1$ドルだ。そして売れる量は需要の$D(p)$杯。よって売上から費用を引いた金額である**利潤**は$(p-1)\times D(p)$となる。いま価格が5を超すと誰も買わないので利潤はゼロ、また価格が1以下だと利潤はゼロ以下。5と1のあいだのどこかに利潤を最大化する価格はあり、計算は省略するが、それは$p=3$となっている。また、消費者余剰を計算すると、それは需要曲線のpより上側の面積で2となっている。

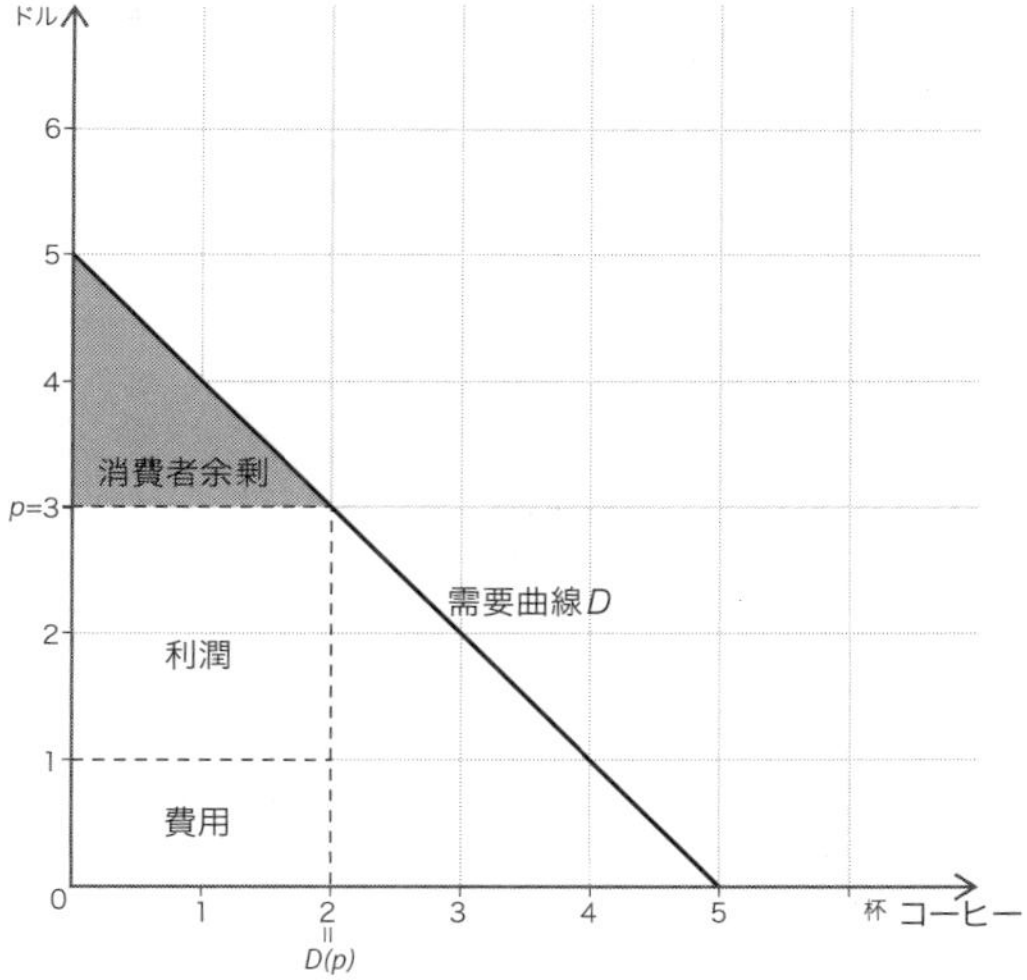

図3-3 コーヒー屋ジョンの需要曲線.
価格p=3で利潤は最大化される. このときの消費者余剰は上側の三角形の面積 2×2×(1/2)=2で, 利潤は(3−1)×2=4

ベルトラン価格競争

さて、ここでジョンに、競争相手のポールが現れたとしよう。ポールは、ジョンと同品質で同費用(1杯あたり1ドルの費用)のコーヒーを売り、また価格競争を仕掛けてきた。客はジョンとポールのどちらか価格が安いほうからコーヒーを買うこととする。もし二人が付ける価格が同じなら、両者は客を半分ずつ得る。こうした市場を**ベルトラン寡占市場**という。

ジョンとポールの価格競争は、どのように終着するのだろう。最初に結末をいっておくと、ここでは「底辺への競争」が起こり、ジョンもポールも価格を1ドルにすることになる。

まずジョンが最初に付けていた独占価格3ドルに対して、ポールは少し安い価格、たとえば2.5ドルを付けたとしよう。これでポールはすべての客を奪えて、ジョンの客はゼロになる。

そこでジョンが対抗して2ドルに値下げすると、客をすべて奪い返せる。そうするとポールの客はゼロになるから、ポールもまたさらなる値下げを行う。

両者のこの値下げ競争は、1杯あたりの価格が、その提供にかかる費用1になるまで続けられる。相手よりわずかに低い価格を付けて客を総取りすることが、常にトクだからだ。その行きつく先の、最終的に両者とも価格を1ドルにした状態を**ベルトラン均衡**という。ベルトラン均衡で、ジョンとポールの利潤はともにゼロになる。一方で、消費者余剰は8に上がる(図3-4)。

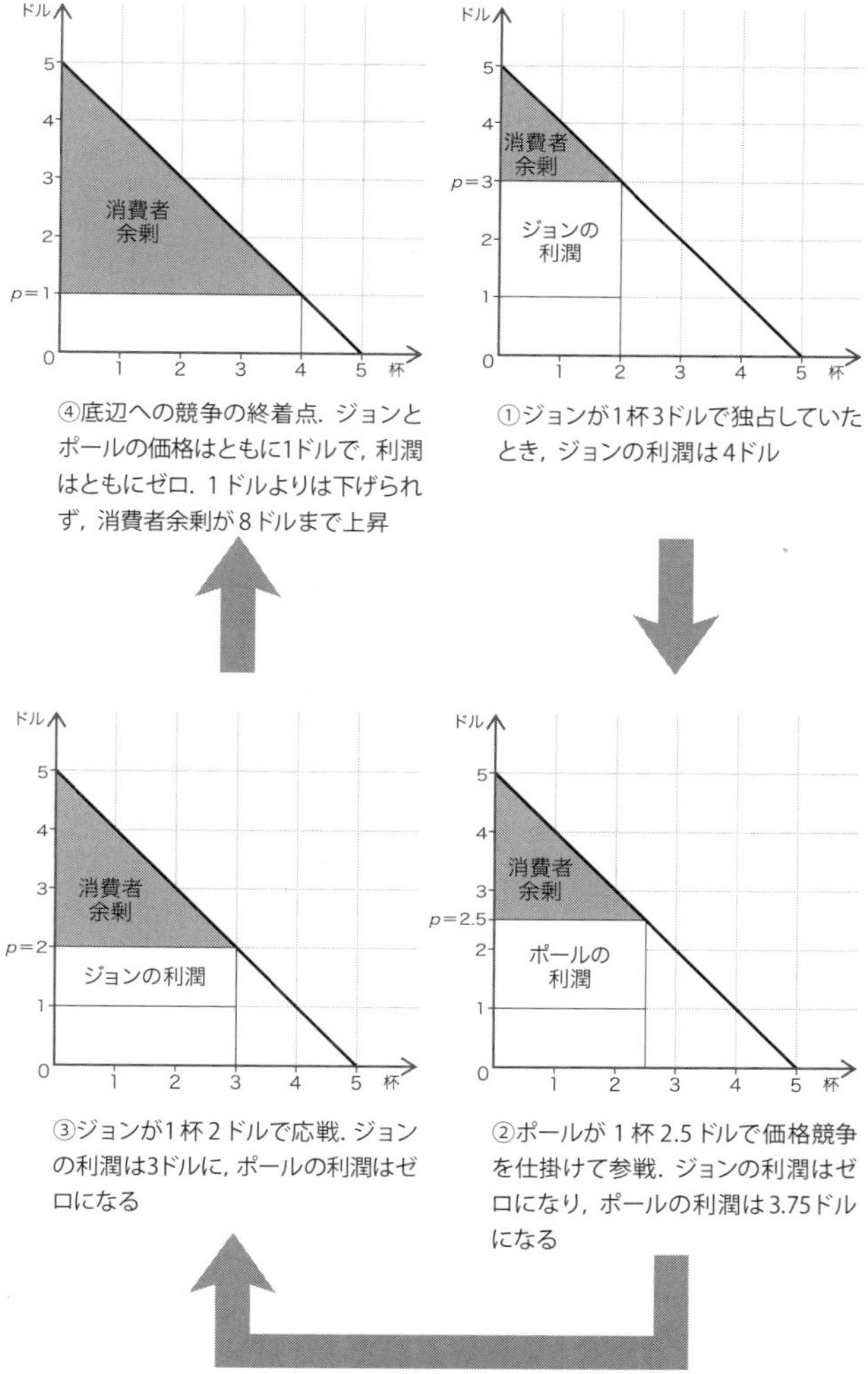

図3-4 底辺への競争．ジョンとポールが熾烈な価格競争をくり広げる

ただしジョンとポールが「価格を上げよう」と談合するならば、ベルトラン均衡は避けられる。ジョンとポールが長期的に営業するつもりなら、談合の約束を守り続けることは、約束を破り「底辺への競争」を再開するよりもトクになる。たとえば両者とも価格を3ドルにすると、高い利潤を分け合え続けられる。ただし、これは消費者余剰を、「底辺への競争」での8から、2に減らす。

第5章で詳しく扱うが、売る側の利潤の合計を**生産者余剰**といい、それと消費者余剰との和を**社会的余剰**という。底辺への競争が起こり価格が1ドルとなったときのほうが、談合して3ドルとなったときよりも、社会的余剰は高い。計算してみると、談合した3ドルのとき、消費者余剰は2、生産者余剰は4、よって社会的余剰は6だ。一方で、「底辺への競争」での1ドルのとき、消費者余剰は8、生産者余剰は0、社会的余剰はそれらを合わせた8だ。よって社会的余剰を「市場のよさ」のモノサシとして使うと、談合は禁止すべしということになる。

ただし談合の継続は必ずしも容易ではない。少数のプレイヤーで談合するのならば、互いの状態を監視したり、信頼関係を結ぶことは比較的たやすい。だがプレイヤーの数が多くなると、なかなかそうはいかない。

また、談合するプレイヤーのなかの誰かが「談合を裏切り長期的な利潤を捨てても、今日、お金が必要だ」という状態になれば、その人は談合を裏切る。その人は今日の利潤を独り占めして、他者の利潤はゼロになる。ひとたびこうなると、裏切られた者たちは談合を続けても利潤ゼロが続くだけだから、談合はたちまち崩壊する。

実際に誰かが談合を裏切らなくとも、「どうせあいつは談合の約束を守らない」と疑念を持ったプレイヤーがいるだけで、談合は崩れる。そのように疑念を持つプレイヤーは、談合の約束を守らなくなるからだ。

そしてまた、そのように疑念するプレイヤーがいると予想するプレイヤーは、やはり談合の約束を守らなくなる。

弾力性

話の焦点を需要曲線に戻そう。

価格の変化が需要の変化にどれだけ影響を与えたか、それをあらわすひとつの指標が**価格弾力性**だ。なお「弾力」とは、価格の変化によって、どれだけ需要が弾んで動くかをあらわすといったニュアンスだ。「弾力性が低い」とは、あまり弾まない、つまり価格が動いても需要はあまり動かないということだ。

ある財の価格が1％上がったとしよう。このとき需要が0.2％下がったとする。価格の変化である1％の「5分の1」である0.2％しか需要が変化していない。この5分の1、つまり0.2が、価格弾力性である。ただし実際に価格弾力性をデータから推計するときには、価格の上昇率は「1％」でなくとも、それに近い小さな値でもよい。

価格弾力性が高い財は、値上げすると需要が大幅に下がる。課税でいうと、価格弾力性が高い財に税をかけると、需要が大幅に下がってしまう。逆に、必需品は、値上げしても需要が下がりにくい。必需品への課税は、貧しい人の生活に与えるダメージが大きいが、需要へ与える影響は小さい。

ギッフェン財

需要曲線は右下がりのカーブで図示するのが通常だ。これは価格が上がると売れなくなる、また下がると売れるようになる、という経験的事実に即している。そうした財を**正常財**という。だが、先に述べたように、ごく稀に正常財ではない、価格が上がるにつれ売れ行きが増すものがある。それが**ギッフェン財**だ。

貧しい地域の必需品が、ギッフェン財になることがある。

これを僕の経験で説明しよう。僕がひと月８００ドルで慎ましく生活していたとき、近所のスーパーマーケットに「３袋で１ドル」の格安パスタが売ってあった。これはその店の自社開発商品で、とにかく安いが、まずかった。あまりにまずいので、たまに「１袋で１ドル」くらいする普通の(それでも安いが)パスタも買っていた。だが、あるとき格安パスタが「３袋で1.5ドル」に値上がりした。このとき僕は、普通のパスタをたまに買うささやかな余裕さえなくなって、すべてその格安品を買うことになった。これを「代替効果と所得効果」という概念で説明していこう。

格安パスタが値上げしたら、そのぶん魅力が減るので、別のパスタに乗り換えたくなる。これを**代替効果**という。僕の心のなかにも、もちろん代替効果はあった。しかし格安パスタの価格が上がるとは、僕の所得８００ドルの実質的な価値が目減りした、つまり貧乏になったということでもある。生活にゆとりがなくなると高いものは買えなくなり、もっと格安パスタを買おうとなる。これが**所得効果**だ。

僕のこのケースだと、格安パスタの価格が上がると、代替効果により格安パスタを買う気持ちは下がるが、所得効果により格安パスタを買おうという気持ちが上がり、この上昇が下降を打ち負かしてしまった。

なお、ある財がギッフェン財であるというときには、僕にとっての格安パスタのような個人レベルではなく、集団レベルでの需要についていう。ある財がギッフェン財だとデータから確認されることは非常に珍しい。ペンシルヴェニア大学のジェンセン教授とイリノイ大学のミラー教授らは、中国の湖南省での米と、甘粛省での小麦がギッフェン財だとの調査結果を報告している。

入門の入門

第4章

供給曲線

いくらなら，いくつ作るのか

第1章と第2章で個々の消費者をセットアップして，第3章で消費者たちを1つのまとまりとして扱う需要曲線を作りあげた．第4章では個々の生産者をセットアップして，生産者たちを1つのまとまりとして扱う供給曲線を作りあげていく．これから見ていくように，供給曲線の作りかたは，需要曲線の作りかたと同様である．財を買う側をえがく需要曲線と，財を売る側をえがく供給曲線がそろうと，売る側と買う側が会する市場を考察できるようになるが，これは第5章で行う．

限界費用の逓増

僕は走るのが趣味だけれど、長く走るとだんだん脚が重くなる。距離が長いレースだと、同じ1キロでも、最初より最後のほうがずっと時間がかかる。42キロのフルマラソンだと前半は2時間未満で走れても、後半は2時間以上かかる。個人的な話ですまないが、言いたいのは要するにこういうことだ。

走る時間を2倍にしても、2倍の距離を走れるわけではない。

ここでマラソンを、時間をインプットすると走行距離がアウトプットされる、生産活動のように考えてみよう。もちろん実際のマラソンは何かを生産するというよりひたすら消耗する活動なので、これはあくまで喩えである。この生産活動の特徴は、インプットを2倍にしてもアウトプットは2倍にまではならない**収穫逓減**であることだ。収穫逓減な生産活動の例をあげてみよう。

- 農地の面積を一定のままで、耕作者や作付けを2倍にしても、収穫量は2倍にはならない。
  農地の面積をも2倍にするなら収穫量を2倍にできるが、農地を拡大するのは(少なくとも短期的には)難しい。

• 工場の規模を一定のままで、労働者や原材料を2倍にしても、生産量は2倍にはならない。工場の規模をも2倍にするなら生産量を2倍にできるが、工場を増設するのは(少なくとも短期的には)難しい。

収穫逓減な生産活動においては、2倍のアウトプットを生みだすためには、それができるとしても、2倍以上の費用がかかる。農地が一定のままで収穫量を2倍にするためには、特別な品種や専門的な知識が必要になる。工場を、昼間だけでなく夜間も操業させるためには、夜間に働く労働者を割増賃金で雇わねばならない。

生産量と、生産にかかる費用との関係をあらわすのが、**費用関数**だ。生産活動が収穫逓減だと、1単位目を生産する費用よりも、2単位目を生産する費用のほうが高く、さらには3単位目を生産する費用のほうが高くなる。

追加的に1単位生産する費用を**限界費用**という。そして、生産するごとに限界費用が高まっていくことを**限界費用逓増**という。なお、「逓」とはあまり日常的に使う字ではないが、「だんだん」とか「つぎつぎ」といった意味をもつ。

費用と限界費用の関係を整理しておこう。

ある量を生産する(総)費用は、その量までを生産する限界費用の和である。これは3キロを走る苦痛とは、「1キロ目を走る苦痛と、2キロ目を走る苦痛と、3キロ目を走る苦痛の和」である、というようなことだ。

たとえば、3個を生産する費用とは、1個目を生産する費用(1個目の限界費用)、2個目を生産する費用(2個目の限界費用)、3個目を生産する費用(3個目の限界費用)の和である。図4-1がこの関係をまとめている。

費用だの限界費用だのそいつらの関係だの、ややこしいと思われるかもしれないが、限界費用の概念は便利なのでがまんしてほしい。とくに費用を図示するときには、限界費用に分解したほうが、ビジュアル的に分かりやすいのだ。

最適解

ある財を生産する企業を考えよう。財は市場でp円の価格がついている。この企業はライバル企業が多いため、自分の生産量が価格に影響を与えられない**プライステイカー**だとする。プライステイカーは、減産により希少価値を高め価格を吊り上げる市場操作ができない。なお、プライステイカーの反対は、ライバル不在の独占企業だ(第7章で扱う)。

プライステイカーの企業がどの生産量を選ぶか、次のように考えてみよう。1個目を生産す

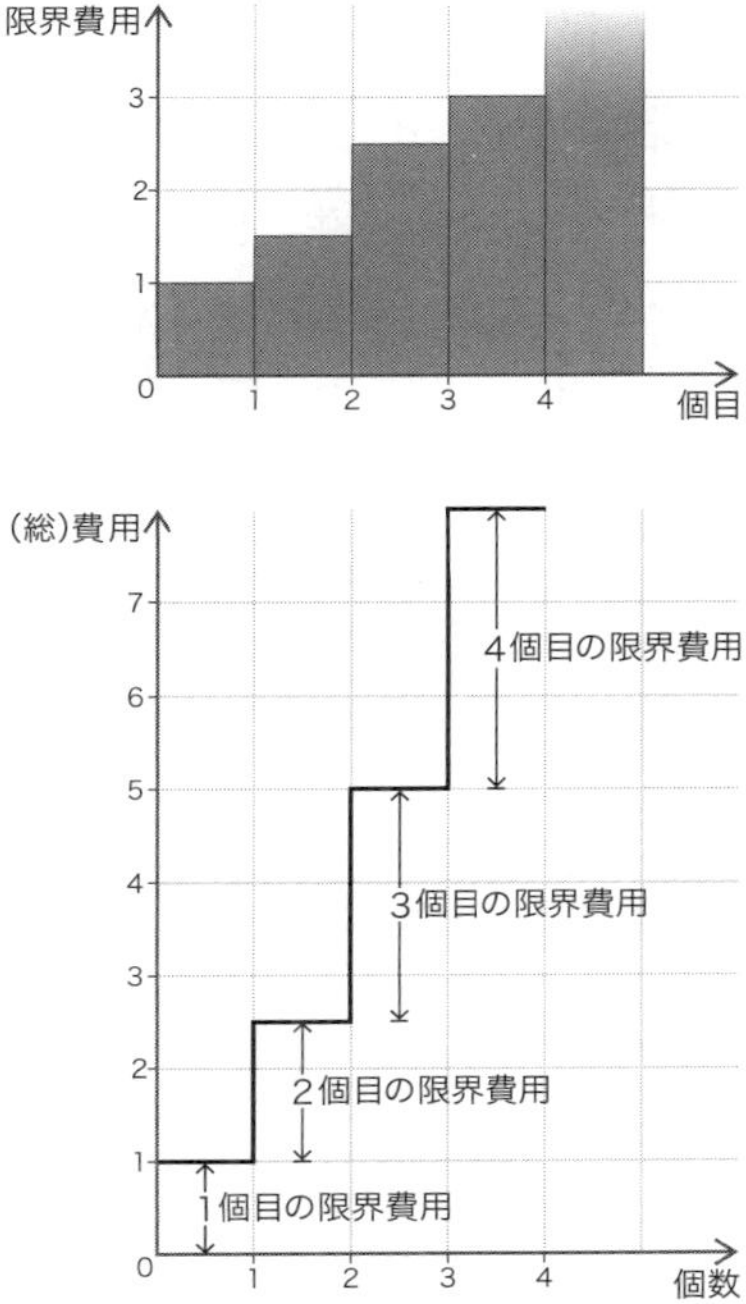

図4-1　限界費用と総費用との関係

るのは最も安上がりだ。これがp円で売れるときの利益は高い。2個目を生産するのはもう少し費用がかかり、利益が下がる。限界費用は逓増だから、追加的に1個生産するたびに、そのための費用はだんだん上がり、利益が下がっていく。

追加的に生産するたびに、得られる利益は下がっていき、あるときマイナスになる。では、売上から費用を引いた金額である**利潤**を最大化する生産量とは、どのようなものだろう。それは、あと1個追加して生産すると利益がマイナスになる、つまり限界費用が価格を超す寸前の、ソンをする寸前の生産量だ。

これは当たり前のことで、さらに1個作る費用が、それを売って得られる価格より高くなるなら、もう生産しないほうがトクというだけの話だ。利潤を最大化する生産量を**最適解**という。もちろん最適解は限界費用のありかたによって変わる。

図4-2のA社は、$p=3$のとき、最適解は2個になっている。売上は価格に最適解をかけた3×2＝6円となる。売上をあらわす長方形の面積から、費用にあたる箇所を除いた、残り部分の面積が利潤をあらわす。図4-2のB社は、$p=3$のとき、最適解は3個になっている。売上は価格に最適解をかけた3×3＝9円となる。売上をあらわす長方形の面積から、費用にあたる箇所を除いた、残り部分の面積が利潤をあらわす。

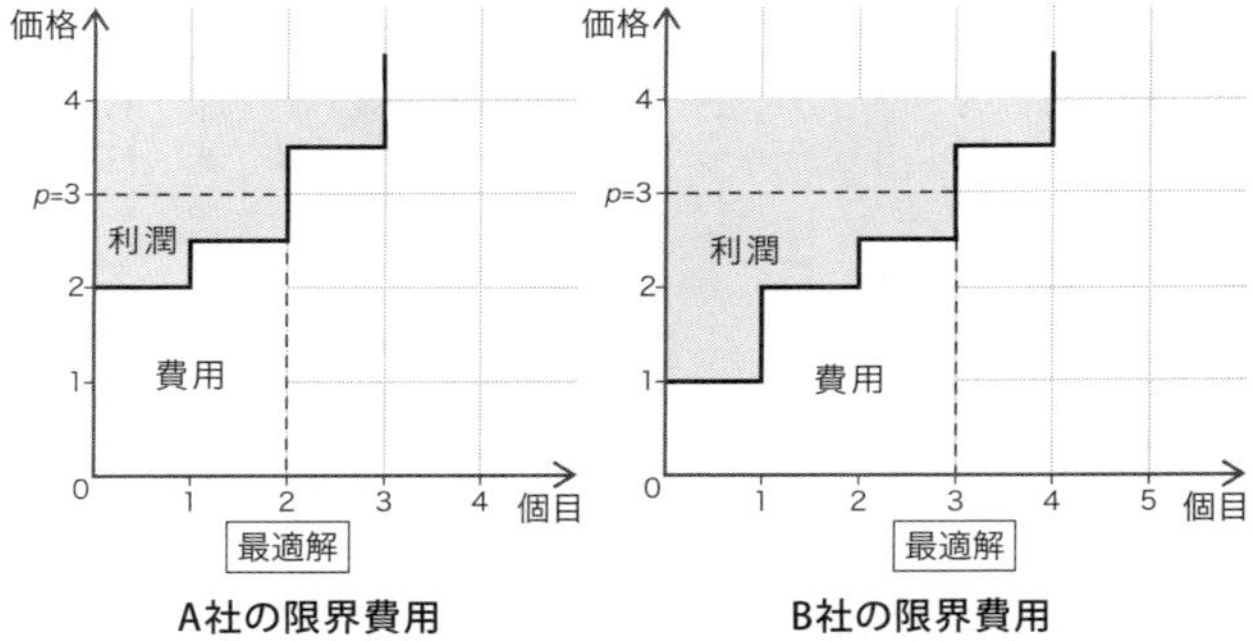

図4-2　最適解は限界費用のありかたによって変わる

供給曲線

いま市場にA社とB社しかいないとしよう。ある価格のもとで、市場に供給される財の総量は、A社とB社が生産する量の合計になる。だから両企業の限界費用をヨコに足し合わせると、価格と、そのもとでの供給との関係が分かる(図4-3)。こうして限界費用をヨコに足し合わせた曲線Sを**供給曲線**という。たとえば価格$p=3$については$S(p)=5$である。企業が3つ以上あるときも、供給曲線は同じように限界費用をヨコに足し合わせてつくられる。

需要曲線と供給曲線は、対のような関係にある。需要曲線は、それぞれの価格のもとで、消費者たちが買う財の総量をあらわしていた。供給曲線は、それぞれの価格のもとで、生産者たちが売る財の総量をあらわす。

供給曲線のつくりから、2つの企業の利潤の和は、価格pの線と供給曲線とのあいだの面積であらわされる(図4-3)。企業が3つ以上あっても、それらの限界費用をヨコに足し合わせることで、供給曲線Sは同様に作れる。そして、すべての企業の利潤の和を**生産者余剰**という。生産者余剰とはいわば、市場で企業が「トクしたぶん」である。

需要曲線のときと同じように、生産量を整数に限ると図解に不便なため、これからは供給曲線も図4-3のようになめらかにあらわす。

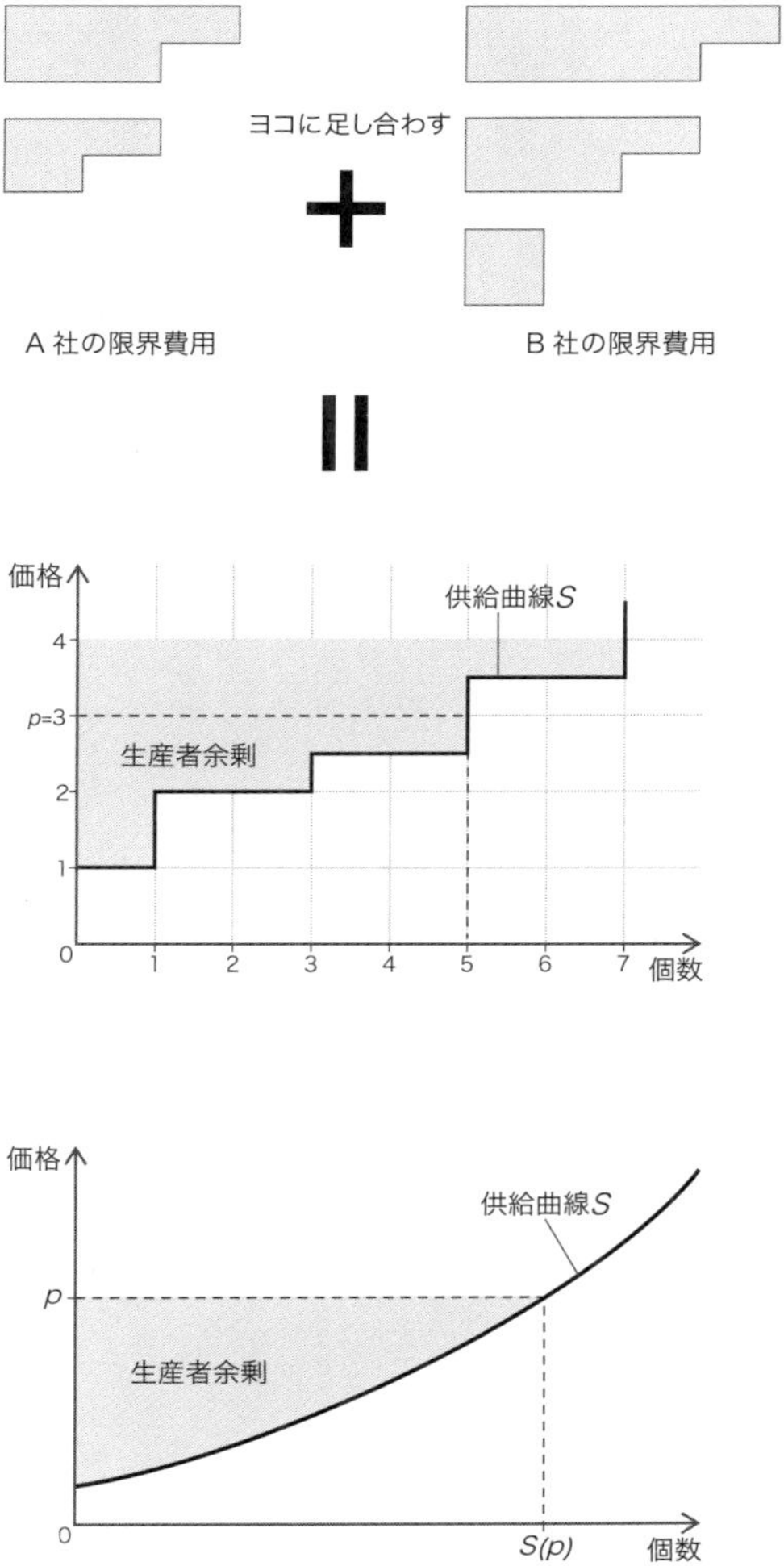

図4-3　供給曲線を描く．限界費用をヨコに足し合わせて作る．生産者が沢山いると供給曲線はなめらかになる

入門の入門

第5章 市場均衡

市場で価格はどう決まるのか

第5章では，消費者たちと生産者たちが会する市場を考察する．第3章で作成した需要曲線と，第4章で作成した供給曲線とを，1枚の図に併せてえがく．市場で財にどのような価格がつき，それがいかなる意味で好ましいのかを考えていく．応用として，課税がなされたときに価格はどう反応し，何が失われるのかを分析する．

市場均衡

市場にたくさんの消費者と生産者がいて、誰もがプライステイカーである**完全市場**では、価格はどう定まるのだろう。この問いの鍵となるのが需要曲線と供給曲線だ。需要曲線は第3章で作成した。ある価格のもとで、それぞれの消費者はそれぞれに好ましい量の財を買う。その総和が需要だ。供給曲線は第4章で作成した。ある価格のもとで、それぞれの生産者はそれぞれに好ましい量の財を作る。その総和が供給だ。

ミクロ経済学が「ミクロ」というゆえんは、市場全体のマクロな挙動をあらわす需要曲線や供給曲線を、個々の消費者や生産者といったミクロなレベルから積み上げ導出しているからだ。これから市場でいくらの価格がつくかを考えるため、需要曲線と供給曲線を併せて描いてみよう。結論からいうと、価格は、需要曲線Dと供給曲線Sが交差するp^*になるはずだ(図5-1)。

そうなる理屈は単純だ。もし価格pがp^*より高いなら、供給$S(p)$が需要$D(p)$を上回る(図5-2)。このとき市場には物があふれ、販売する競争によって、値下がりが起こる。逆に、もし価格pがp^*より低いなら、需要$D(p)$が供給$S(p)$を上回る(図5-3)。このとき市場には物が足りず、購入する競争によって、値上がりが起こる。いずれにせよ、価格はp^*へと収束する。そして、p^*で需給は一致、つまり$D(p^*)=S(p^*)$となり、価格は安定する。この価格p^*を**市場均衡価格**という。

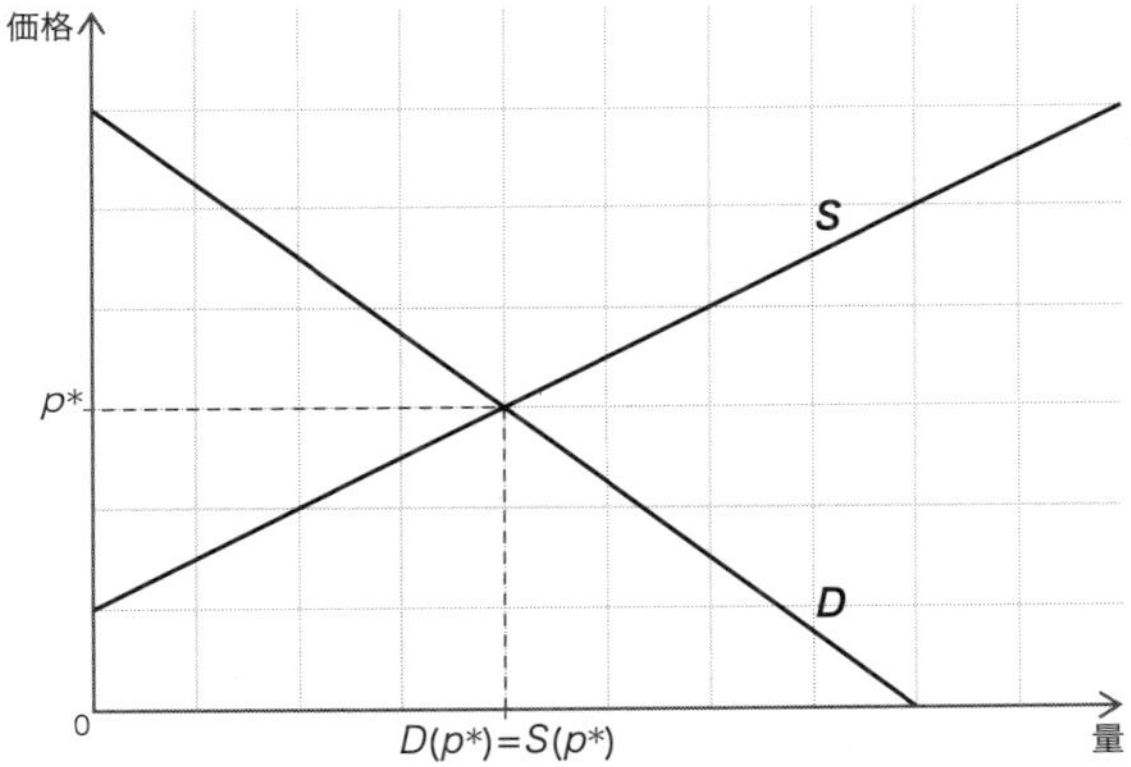

図5-1　需給一致で安定する市場均衡価格 p^*

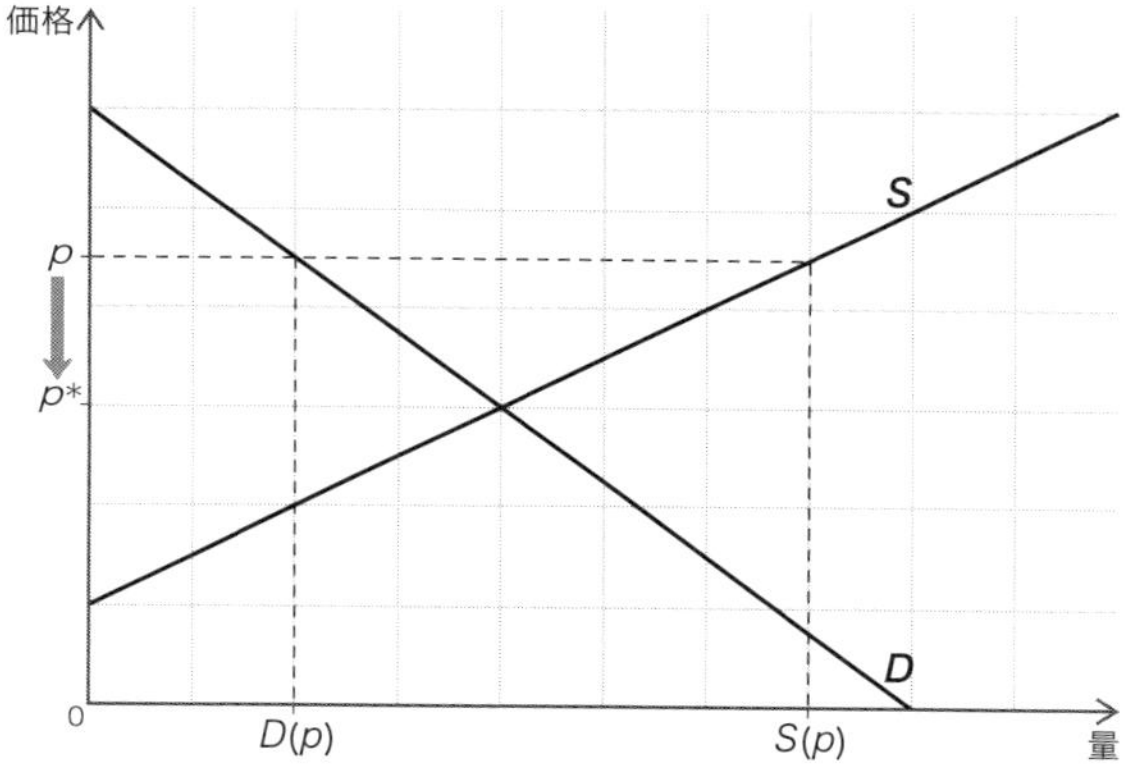

図5-2 供給超過．価格が高すぎて値下がり

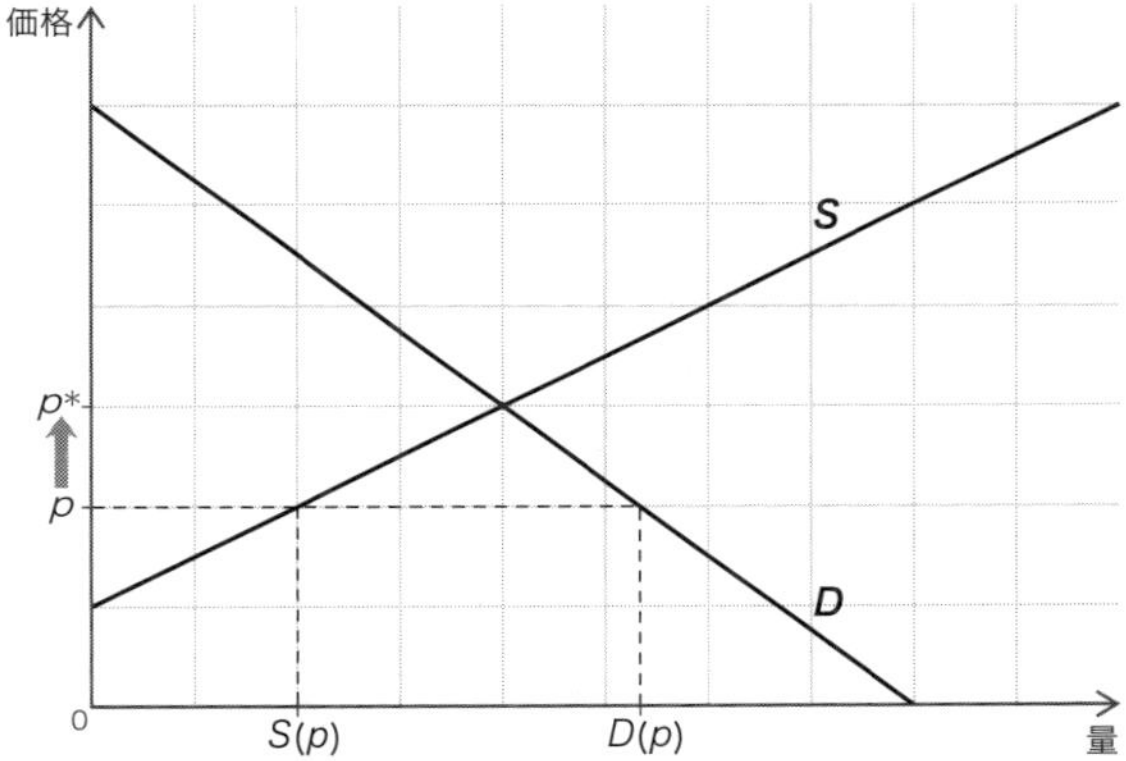

図5-3 需要超過．価格が安すぎて値上がり

社会的余剰

市場均衡価格は、他の価格と比べて何か好ましい性質をもつのだろうか。好ましさについて考えるためにはモノサシが必要だ。これまで、消費者サイドについては消費者余剰、生産者サイドについては生産者余剰をモノサシとして定めてきた。そこで、これから消費者も生産者もいる市場全体のよさを測るモノサシとして、消費者余剰と生産者余剰を足し合わせた**社会的余剰**を考えていこう。

図5-4を見ると、市場均衡価格のもとで、消費者余剰はA^*、生産者余剰はB^*だから、社会的余剰はA^*+B^*になっている。ではこの余剰の値は大きいのか小さいのか。もし大きいなら完全市場は社会的余剰の観点から好ましく、小さいなら好ましくないということになる。そこで市場均衡価格のもとでの社会的余剰を、他の価格のもとでのそれと比べてみよう。

まずは市場均衡価格よりも高い価格pを考えてみよう(図5-5)。このとき、消費者余剰はAで、生産者余剰はBなので、社会的余剰は$A+B$となる。これは、市場均衡価格のときの社会的余剰A^*+B^*よりも小さい。つまり、市場均衡価格のほうが、社会的余剰を大きくするということだ。そして、その大きさの差額、つまり$A+B$とA^*+B^*の大きさの違いを**死荷重**という。死荷重は、図5-5だとCにあたる部分だ。

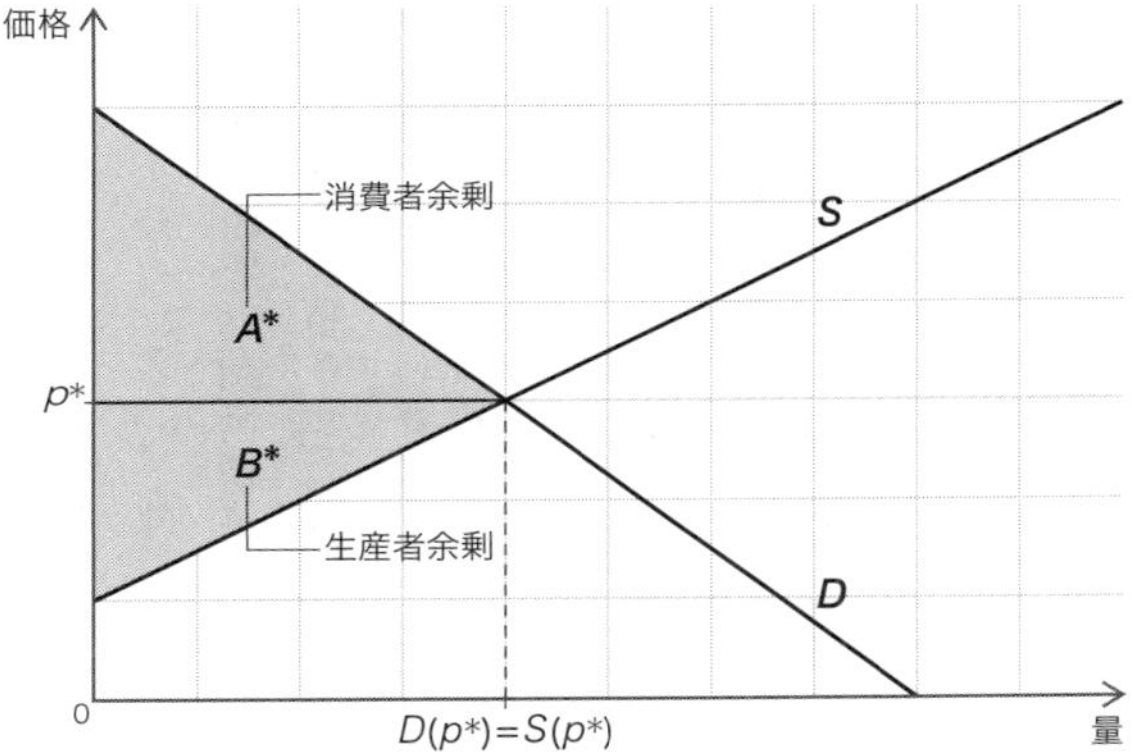

図5-4　市場均衡価格p^*で社会的余剰は最大化

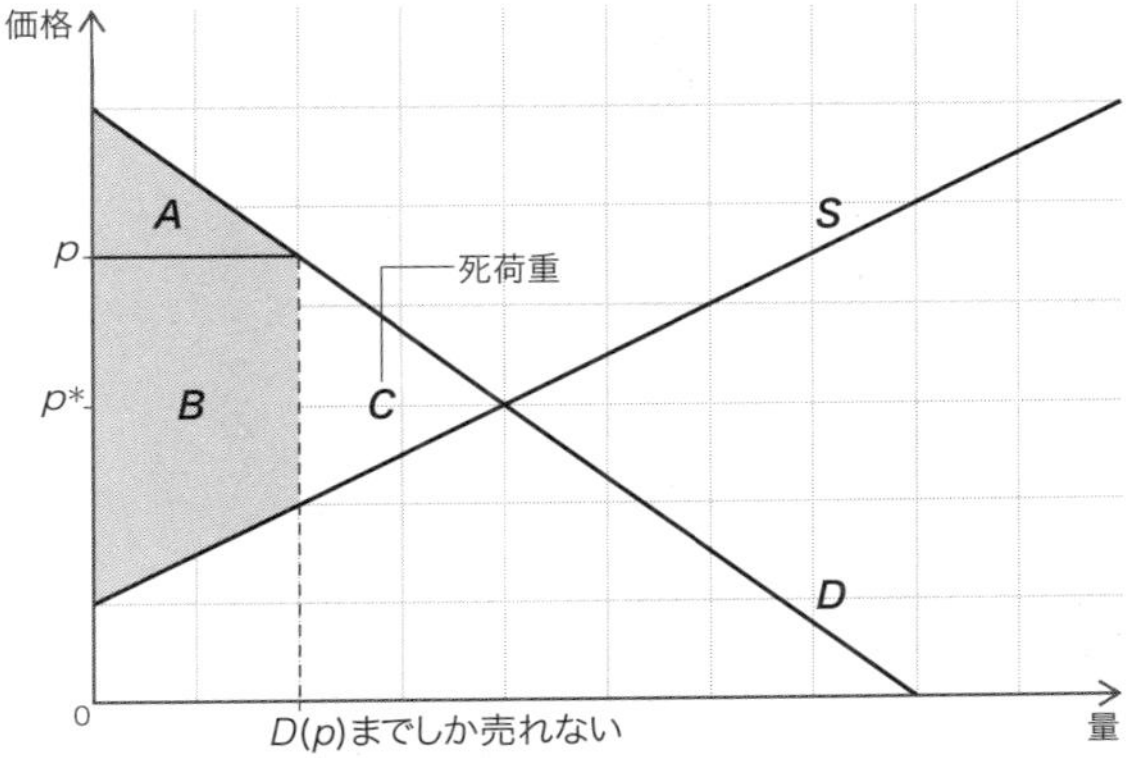

図5-5　価格が市場均衡価格より高いとき（$p>p^*$のとき）の社会的余剰 $A+B$

次いで、市場均衡価格よりも低いpを考えてみよう(図5-6)。このとき、消費者余剰はAで、生産者余剰はBなので、社会的余剰は$A+B$となる。これは市場均衡価格での社会的余剰A^*+B^*よりも小さい。死荷重はCだ。

つまり市場均衡価格は、社会的余剰を最大化する価格だということが分かる。そして、市場均衡価格を実現させるのは、供給が需要を上回るときには値下げが起こり、需要が供給を上回るときには値上げが起こるという、自由市場の調整メカニズムである。

自由市場が導く市場均衡価格と、中央集権体制が定める公定価格には、2つの大きな違いがある。

1つ目は、市場均衡価格のほうが、(一般には市場均衡価格と異なるであろう)公定価格よりも、社会的余剰を高める。

そして2つ目は、市場均衡価格は、消費者の選好や生産者の費用関数といった、市場にかんする状態の変化に対して、その場その場で柔軟に変化できる。これは卸売市場での競りを想像すると分かりやすい。あるとき、人気が出た魚肉や野菜には高値が付くようになる。そしてまた、不作のとき高値が付く。もちろん、その逆もあって、人気が下がったり、大量に採れ過ぎたりすると、値崩れが起こる。

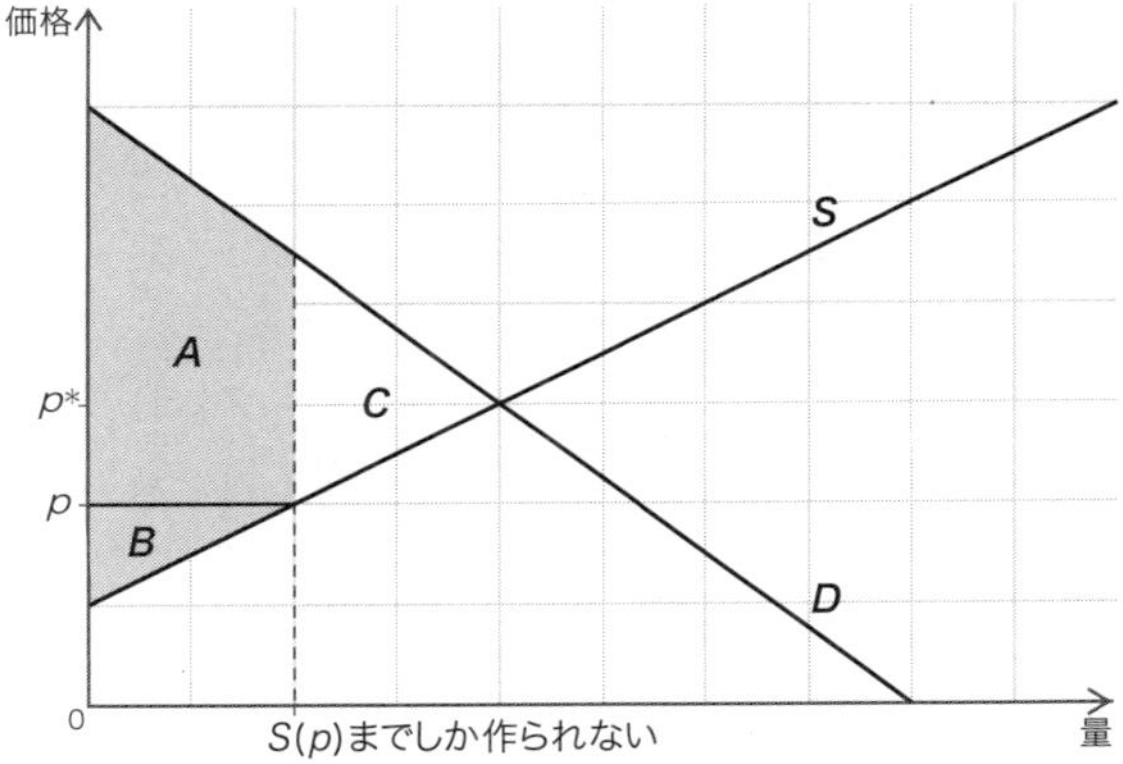

図5-6　価格が市場均衡価格より安いとき($p<p^*$のとき)の社会的余剰 $A+B$

卸売市場よりも取引が頻繁な市場の例として、有価証券を売買する東京証券取引所をあげておこう。ここでは市場の動向に即座に対応するため、100分の1秒単位で売買の注文ができる。1秒のあいだに人間の眼では追えない頻度で価格が変わる。だから、人間の代わりに、プログラムを組んだ高速コンピュータに自動売買させる**アルゴリズム取引**もよく行われている。

一方、公定価格は、市場の動向に即座に対応することはできない。一定の政治過程を経ねば変えられず、政争の材料にもなりやすい。

従量税のもとでの市場均衡

たばこの販売価格のうち、およそ6割は税金である。たばこの事業者は、たばこを千本販売するたびに、1万2244円のたばこ税を政府に納めねばならない(財務省HPたばこ税)。たばこ税のように、販売する量に応じて一定の金額を納める税を、**従量税**という。他の従量税の例には、アルコール飲料にかかる酒税、ガソリンにかかる揮発油税などがある。

従量税は、消費者や生産者に、そして市場に、どのような影響を与えるのだろう。注意したいのは「従量税のかけ方」だ。従量税をかけるといっても、販売者(生産者)が納税する方式と、購入者(消費者)が納税する方式とでは、違ったかけ方である。いったいどちらが、いかなる意味で望ましいのだろう。直感的には、販売者が納税するほうが販売者に不利で、購入者が納税するほうが購入者に不利そうだ。

まずは販売者が1つ売るたびにt円を納税する方式を考えてみよう。

このときの市場均衡価格をqとする。あらためていうが、市場均衡価格とは、その価格のもとで需給が一致する価格のことだ。そして、いま販売者にとって、qのもとでの実質的な価格は$q-t$である。なぜなら財を1つ売りq円を得ても、そこから従量税がt円引かれるからだ。よって販売者に従量税tが課せられたとき、価格qが需給を一致させるとは、$D(q)=S(q-t)$が成り立つということだ。

では、一致する需給の量$D(q)=S(q-t)$とは、いったいどの量なのだろう。これは図5-7を見ると分かる。その量とは要するに、DとSの高さがちょうどtだけ異なる量だ。つまり、Dの高さとSの高さが、ちょうどtだけ異なっている量が$D(q)=S(q-t)$だ。

このとき消費者余剰はA、生産者余剰はBである。社会的余剰は$A+B$だ。ただし生産者余剰のうちTは生産者側が従量税として払うことになる。税引き後の生産者余剰は$B-T$だ。従量税の制度自体がないときと比べると、社会的余剰はCのぶんだけ減少している。これは従量税の導入が市場均衡価格を歪ませたことに派生する社会的ロスだ。

次いで、購入者が1つ買うたびにt円を納税する方式を考えてみよう。

このときの市場均衡価格をrとする。重要なことなのでくり返すが、市場均衡価格とは、その価格のもとで需給が一致する価格のことだ。そしていま購入者にとって、rのもとでの実質的な価格は$r+t$である。なぜなら財を1つ買ってr円を払うのみならず、従量税をt円払うからだ。よって購入者に従量税tが課せられたとき、価格rが需給を一致させるとは、$D(r+t)=S(r)$が成り立つということだ。

では、一致する需給の量$D(r+t)=S(r)$とは、いったいどの量なのだろう。これは図5-8を見るとすぐに分かる。その量とは要するに、DとSの高さがちょうどtだけ異なる量だ。つまり、Dの高さとSの高さがちょうどtだけ異なっている量が$D(r+t)=S(r)$だ。

このとき消費者余剰はA、生産者余剰はBである。社会的余剰は$A+B$だ。ただし消費者余剰のうちTは、購入者側が従量税として払うことになる。税引き後の消費者余剰は$A-T$だ。従量税の制度自体がないときと比べると、社会的余剰はCのぶんだけ減少している。これは従量税の導入が市場均衡価格を歪ませたことに派生する社会的ロスだ。

以上の議論から、販売者が納税する方式と、購入者が納税する方式とに、余剰の面からはまったく違いがないことが分かる。

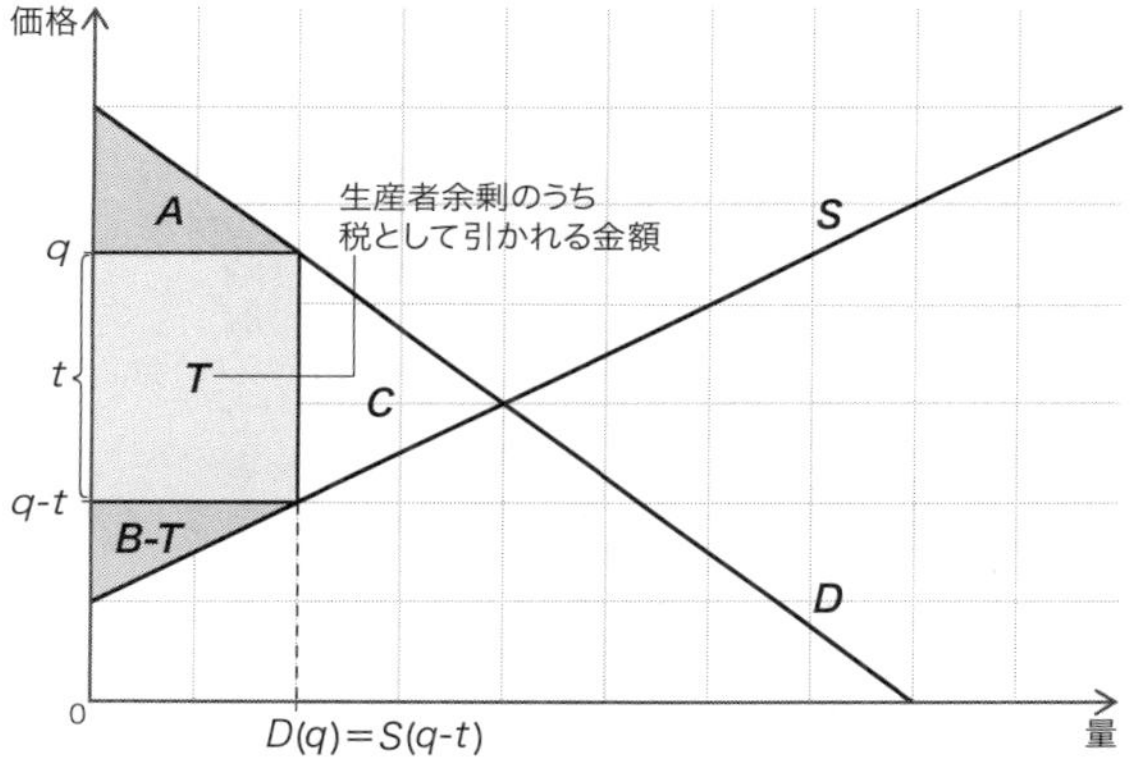

図5-7 販売者に財1つにつきt円の従量税が課せられたときの競争均衡

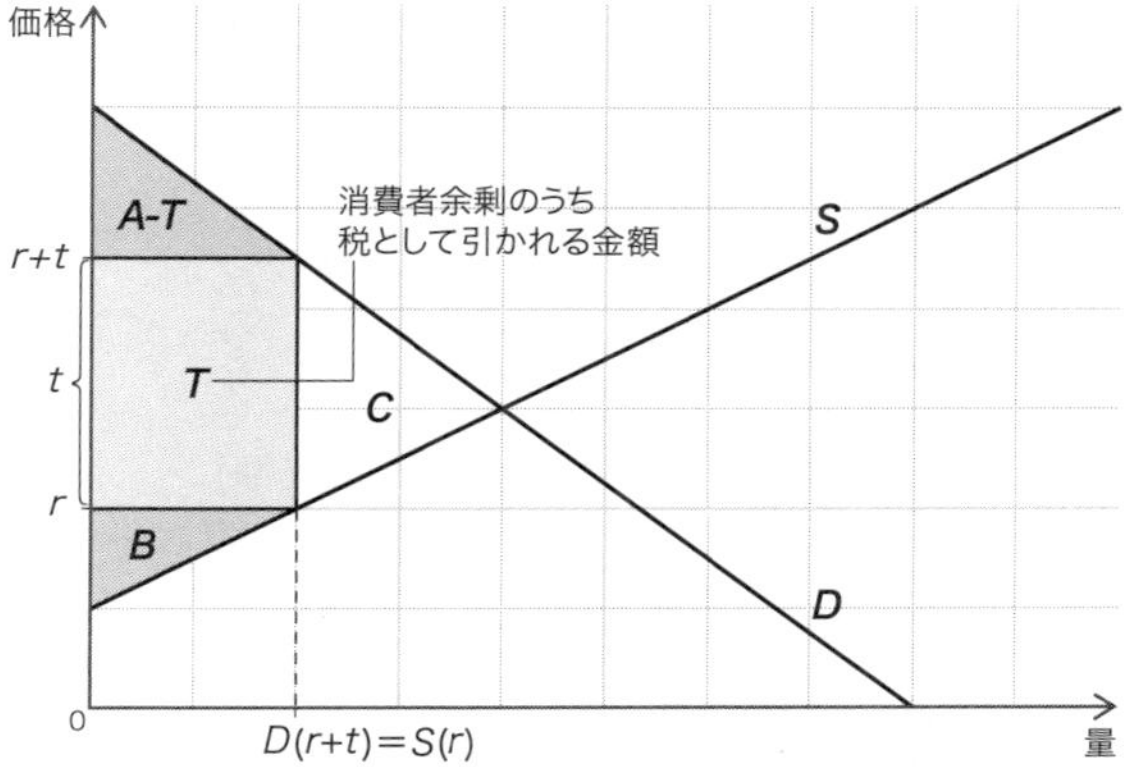

図5-8 購入者に財1つにつきt円の従量税が課せられたときの競争均衡

なぜ両方式のあいだで余剰に違いが出ないかというと、市場では、販売者が納税する方式だと価格が q に上がり、購入者が納税する方式だと価格が r に下がり、そして $q=r+t$ が成り立つからだ。

徴税する政府の立場からこの議論を見ると、何がいえるだろう。両方式のあいだで余剰に違いが出ないということは、余剰のことは気にしなくてよいということだ。よって、他の観点から方式を選択すればよい。

たとえば、徴税のしやすさを考えると、一人ひとりの購入者から徴税するよりも、相対的には数が少なく監視しやすい販売者から徴税するほうが容易だ。つまり、たばこ税のように、購入者がたばこを購入するときには、すでに値段に従量税が含まれており、販売者から政府に納税する方式のほうがよい。

従量税が社会的余剰に与えるダメージに注意しよう。図5-7と図5-8が示すように、従量税があるときは、C の死荷重が発生している。なお、納税額は T で、これは消費者余剰や生産者余剰から政府に支払われる。

重ねていうが、死荷重は、従量税を課すことそのものが引き起こす社会的なロスだ。生産者にとっての価格と、消費者にとっての価格が乖離することにより発生する、消費者余剰と生産者余剰のロスである。

この議論は死荷重を発生させるから税金はゼロがよい、と主張するものではない。再分配や公共財供給など、政府が税金を活用せねばできないことは多々あり、そのメリットをここでは勘案していないからだ。とはいえ、次のようには指摘できる。従量税を課すのならば、なぜ死荷重の負担を社会に生じさせてでも課すべきなのか、メリットの十分な正当化が必要である。

狙い撃ち課税はなぜダメか

従量税は、たばこをはじめ、お酒やガソリンなど、特定の財に狙い撃ち的にかけられるのが特徴だ。狙い撃ちされた側は、ときにそれをかわすべく、本来なら不要であるはずの技術を開発して対応する。

酒税を例にあげてみよう。1990年代に、発泡酒という、ビール風のアルコール飲料が開発された。発泡酒はビールと比べると麦芽率が低く、酒税が定めるところのビールの定義を満たしていない。よって、生産者はビールにかかる酒税を逃れ、安価に販売できる。だが、政府としてはこの事態は見過ごせず、2003年には発泡酒にも一定の酒税がかかるようになった。それを受けメーカー側は、さらに原材料を変更した「第三のビール」を開発し、またもやビールや発泡酒への酒税を逃れるようになった。そして２００６年には酒税法が変更され、第三のビールへも一定の酒税をかけるようになった。２０１６年の時点で、３５０mlの1缶あたりの酒税額は、ビールは77円、発泡酒は47円、第三のビールは28円となっている。なお、この年に政府は、今後は税額をすべて55円へ統一していく方針を発表した。

ビールへの従量税が与えた社会的損失は、死荷重だけではない。そもそも発泡酒や第三のビールは、酒税法が定める「ビール」の定義に当てはまらぬよう、メーカーが技術開発して作製した劣化ビールのようなものだ。この技術開発にはもちろん費用がかかっている。税を逃れるための費用であり、これも従量税が与えた社会的損失の一種だ。この技術はそのときの日本の酒税法のもとでは有効だが、日本の酒税法が変われば、あるいは酒税法が違う他国では、そうではない。他の技術開発に使えたはずの投資費用が、徴税当局とのいたちごっこに費やされたともいえる。特定の品目を狙い撃つ従量税は、死荷重以外にも、こうした社会的損失を生みやすい。

入門の入門

第6章
外部性
他人が与える迷惑や利益

第5章では，市場均衡価格のもとで，社会的余剰が最大化されることを見てきた．だが，もし企業の生産活動にともない，公害のような社会的負担が生じているなら，それはカウントされない損失を社会に与えているわけで，真の意味で最大化になっていない．企業の生産活動が，外部に与える負の影響を，いかにして内部化すればよいか．第6章ではそのための環境税を考える．また，外部に与える正の影響である正の外部性と，ITサービスの理解に欠かせないネットワーク外部性についても学んでいこう．

負の外部性とピグー税

僕はスギ花粉症で、春先になると鼻水とくしゃみが出て、涙目になる。花粉症で困るのは、ぐずぐず目鼻の症状もさることながら、薬代がかかることだ。つまりスギの林業者は、スギの生産活動をするにあたり、僕にけっこうな負担を押し付けているといえる。せめて薬代くらいは払ってほしいし、多少の見舞金をくれてもよいのではないだろうか。

スギ花粉症のように、売買取引を経ずに、ある生産活動が他者へ与えるマイナスの影響を**負の外部性**という。例として、地域の住民に軽度の被害を与える生産活動を考えてみよう。ここで「軽度」とはお金で迷惑が補償できる程度の被害という意味だ。迷惑の埋め合わせ以上に補償金をもらえるのなら、住民としては好ましい。どんな大金をもらっても重病や死亡の被害は受けたくないのが通常の感覚だろうから、そうした被害をここでは想定していない。

企業の生産活動が住民に与える被害を金額で測った値が、生産量が1個だと2円、2個だと5円、3個だと9円だとしよう(図6-1)。追加的な生産にともなう**限界被害**でいうと、最初の1個目は2円、次の2個目は3円(5－2＝3)、その次の3個目は4円(9－5＝4)である(図6-2)。限界費用と同じく限界被害をなめらかに描くと、図6-3のようになる。生産量がyのとき、0からyまでの限界被害の面積が、被害の金額をあらわす。

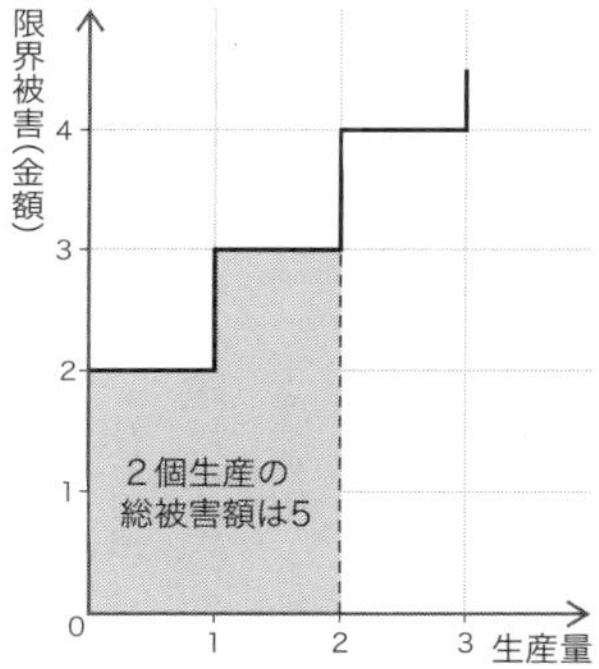

図6-2　追加的な生産にともなう限界被害

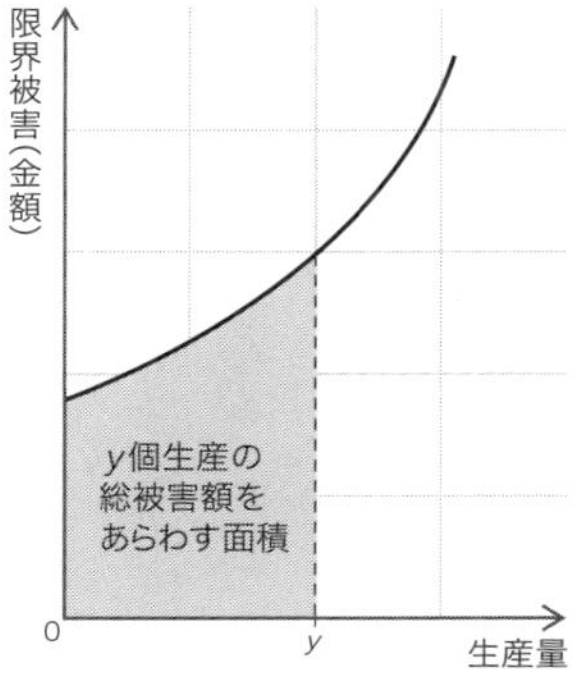

図6-3　なめらかに描いた限界被害の曲線

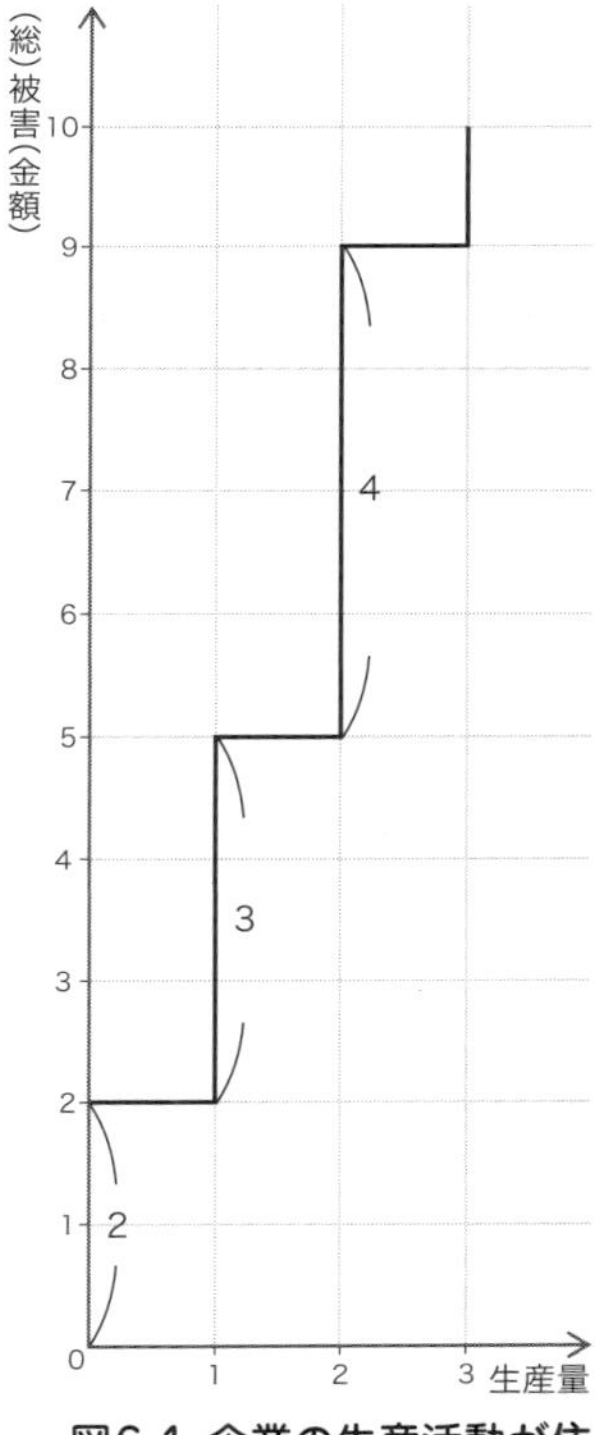

図6-1　企業の生産活動が住民に与える被害の金額換算

企業の費用関数とそれに伴う被害が図6-4のようだとしよう。市場で定まる価格がpだ。第4章で学んだことを思い出すと、ここで企業の生産量の最適解とは、限界費用と価格が一致する$\bar{y}$だ。だが、その生産は住民に被害を与えている。この被害を生産にかかる費用と捉えると、「本当の費用」は、生産費用と被害を足し合わせたものとなる。そして「本当の限界費用」は、限界費用に限界被害tを合わせた、図6-4にある太線であり、「本当の最適解」はy^*だ。

そこで企業に生産量を$\bar{y}$からy^*まで下げさせ、住民に補償を与える環境税である**ピグー税**を考えてみよう。図6-4にあるように、本当の最適解y^*での限界被害をtであらわす。ピグー税のもとで企業は財を1つ生産するたびにt円の税を支払わされる。これは企業の限界費用をt円ずつ上げることになる。図6-5は、企業がピグー税を課され、限界費用がt円ずつ上がった状況をあらわしている。

ピグー税を課され、限界費用が上昇したときの最適解は、その新たな限界費用と価格が一致するy^*になる。したがって企業は「本当の最適解」を生産する。そして住民は$y^* \times t$円を被害の補償金として受け取る。図6-4と図6-5での面積の比較から分かるように、ピグー税からの補償金は総被害額を上回っている。こうして、企業が外部の住民に負担させていた被害は、ピグー税を通じて企業が支払うことになる。これを**外部性の内部化**という。

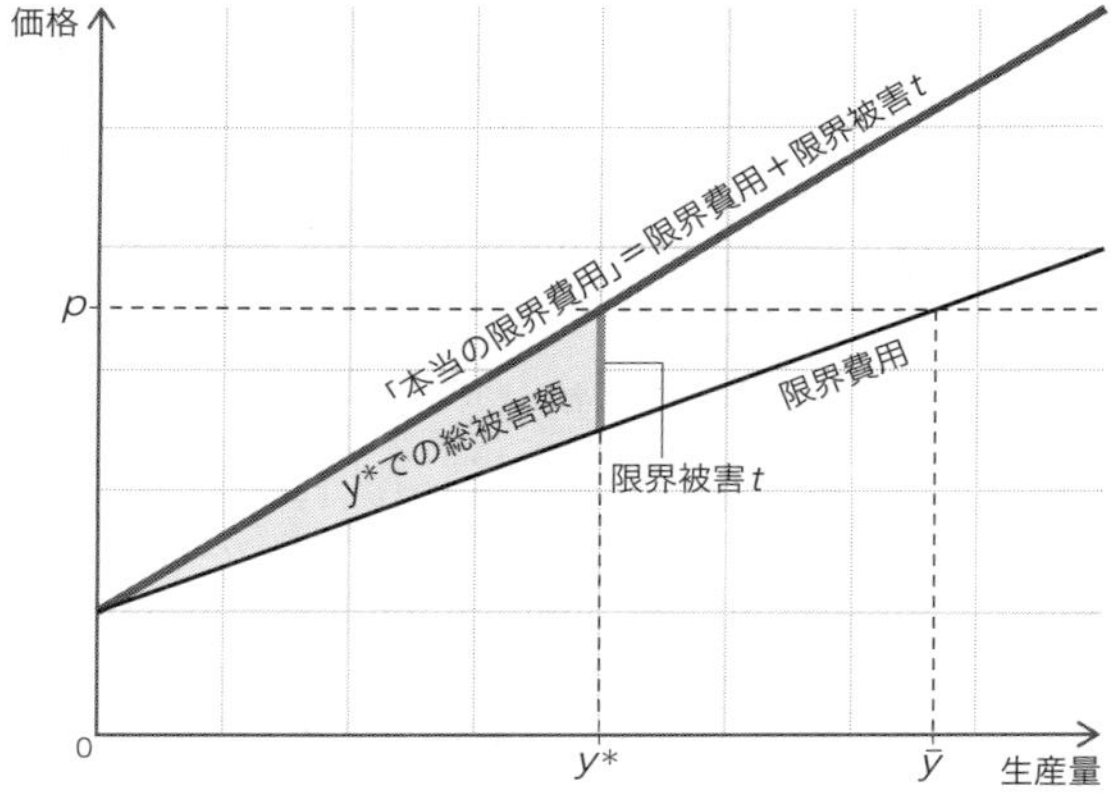

図6-4　ピグー税を課せられる前の最適解は$\bar{y}$

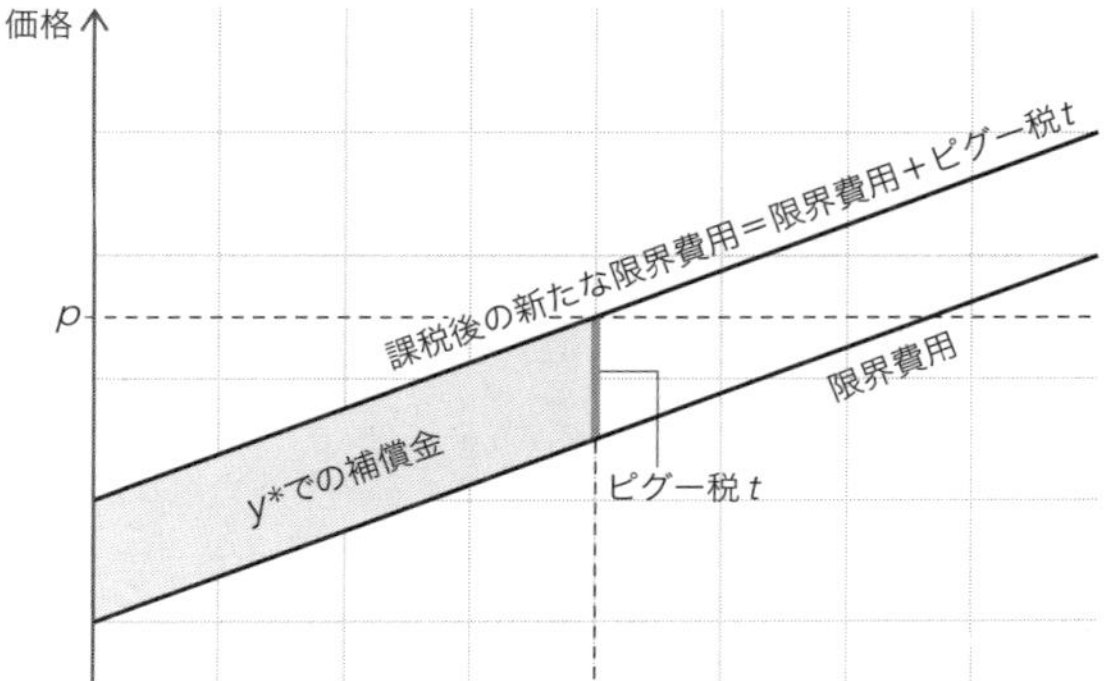

図6-5　ピグー税を課せられた後の最適解はy^*

正の外部性

ある生産活動が、売買取引を経ないで第三者に与えるプラスの影響のことを、**正の外部性**という。たとえば電鉄会社が、ある地域に電車の路線を新しく開通させたとしよう。電鉄会社はその路線の電車事業から利益を得るわけだが、もとから沿線にある商業施設も客が増え、利益が上がるというプラスの影響を受ける。

通常、正の外部性は、負の外部性と異なり、社会問題とはならない。そしてまた、電鉄会社が路線まわりを不動産開発するように、正の外部性を自ら内部化することは多い。たとえば関東だと東急電鉄、関西だと阪急電鉄が典型的なように、大抵の電鉄会社は、路線周辺の住宅地や商業施設の開発を、路線の開通と一体的な事業として行う。

別の例をあげると、感染症の予防接種にも正の外部性がある。たとえばインフルエンザの予防接種を受けた人は、自分がインフルエンザになる確率を下げるのみならず、自分が他人にインフルエンザをうつす確率を下げる。この正の外部性を内部化する仕組みには、予防接種の費用を、個人負担ではなく、公的な医療保険の負担にするというものがある。ただし予防接種を受けるには、病院に足を運び、また注射の恐怖や痛みに耐えねばならないので、これで完全に

「個人負担ゼロ」というわけではない。

ネットワーク外部性と調整ゲーム

予防接種と通信ツールは対照的だ。たとえばインフルエンザの予防接種を受ける他者が多いと、インフルエンザが流行しにくくなり、自分が予防接種を受けるメリットは下がる。一方、メールで通信する他者が多いと、メールの利便性は高まり、自分がメールを使うメリットが上がる。

通信ツールは、他者がそれで通信するからこそ、自分も同じものを使うメリットがある。これは通信ツールが他者とのコミュニケーションを目的とするものだからだ。

これをツイッター、フェイスブック、ライン等の、ネットワークサービスの事業者から見るとどうなるだろう。ツイッターを新たに使い始める人は、知人や、関心のある有名人などがすでに使っているから自分も使おうとする。つながるためのネットワークサービスの価値は、利用者の数に大きく依存する。これを**ネットワーク外部性**という。

ユーザーがユーザーを呼ぶ構造のネットワークサービスでは、事業者は、とにかくサービスが軌道に乗る水準までユーザーを増やすことが大きな課題となる。そして新規に参入しようとする事業者が、すでに多くのユーザーを持つ既存の事業者に立ち向かうのは難しい。

シカゴ大学のカシオポ教授らの大規模調査によれば、アメリカでは２００５年から２０１２年のあいだに、結婚するカップルの３組に１組以上がオンライン上で出会っている。オンライン上には「マッチ・ドット・コム」といった有力な婚活サイトもある。こうした状況で、新たな婚活サイトを立ち上げるときには、いかに利便性の高いサイトを用意しても、最初は登録者がいないので新たな登録者を獲得するのは難しい。

何を選ぶかよりも、他人と同じものを選ぶことが重要な状況を端的に描くのが**調整ゲーム**だ。ここでは調整ゲームの簡単な例として、彼氏と彼女が、Ａ社とＢ社どちらの携帯電話と契約するか、という状況を考えてみよう。彼氏と彼女が同じ会社と契約すれば、互いに無料通話ができ、これは二人にとって大切なことだ。だが別々の会社と契約すれば、無料通話はできない。

起こりうる状況は４つある。彼氏がＡで彼女がＢに契約する状況を（Ａ，Ｂ）とあらわそう。他の状況も同様にあらわすと、それらは（Ａ，Ａ）、（Ａ，Ｂ）、（Ｂ，Ａ）、（Ｂ，Ｂ）だ。

図６-６は**利得表**といい、各マスは諸状況での彼氏と彼女の満足度をあらわしている。利得表のマスにある数字は次のように読む。彼氏がＡを彼女がＢを選んだ状況（Ａ，Ｂ）では、彼氏の満足度も、彼女の満足度も１だ。

ただし(A，B)の状況は続かない。彼氏がBに契約を変更して(B，B)になるか、彼女がAに契約を変更して(A，A)になるか、が起こるからだ。なぜそのような変更をするかというと、そのほうが自分の満足度が上がるから。

たとえば状況(A，B)で彼氏がBに契約を変更して、状況(B，B)が実現すると、彼氏の満足度は1から2に上がり、そしてまた彼女の満足度も1から2に上がる。もちろん、この彼氏が自分だけでなく彼女の満足度を考慮してもかまわないが、自分だけのことを考えても、Bに契約を変更する。

そして状況(B，B)では、彼氏も彼女もそのような変更はしない。変更すると満足度が2から1に下がってソンだからだ。もちろん状況(A，A)も同様で、彼氏も彼女も変更はしない。二人にとって携帯電話がA社であるかB社であるかは重要ではない。A社だろうがB社だろうが、二人が同じものを使うことが大事だからだ。

彼氏＼彼女	A	B
A	2, 2	1, 1
B	1, 1	2, 2

図 6-6　調整ゲームの利得表

いま自分がとっている行動を変えるとソンなので、誰もが単独では行動を変えようとしない状況を**ナッシュ均衡**という。ナッシュ均衡は膠着状態の一種だ。ここでは(A，A)と(B，B)がともにナッシュ均衡で、ひとたびそこ

彼女 / 彼氏	A	B
A	3, 3	1, 1
B	1, 1	2, 2

図 6-7 調整ゲームの利得表. ナッシュ均衡(A, A)が, 別のナッシュ均衡(B, B)よりもパレート優位になるケース

におちいると膠着する。

調整ゲームの設定をひとつ変えてみよう。いま、A社のサービスはB社のサービスより優れており、利得表は図6-7のとおりとする。ナッシュ均衡はこれまでと同じく(A, A)と(B, B)だが、これまでとひとつ違うのは、彼氏と彼女の双方にとって(A, A)のほうが(B, B)よりも好ましいことだ。実際、状況(A, A)では彼氏の満足度も彼女の満足度も3だが、(B, B)ではいずれも2に下がる。A社のサービスのほうが、B社のサービスより優れているのだ。

つまり、この調整ゲームでは、二人にとって(A, A)のほうが(B, B)よりも好ましい。これを(A, A)は(B, B)より**パレート優位**だという。また、(B, B)は(A, A)より**パレート劣位**だという。

では、ここでいったんパレート劣位な(B, B)の状況におちいったら、そこから抜け出せるだろうか。ひとついえるのは、(B, B)においては、各自が単独で契約をBからAに変更するのはソンだということだ。彼氏が契約をBからAに変更すると、状況が(B, B)から(A, B)に変わる。そして、彼氏本人の満足度は2から1に下がるし、さらには彼女の満足度も2から

1に下がる。だから(B，B)から抜け出すためには、二人で一緒にBからAに変更せねばならない。

もちろん、実際の彼氏と彼女なら二人で仲良く相談して、一緒に携帯電話を変更すればよいだけだ。だが、数多くの見知らぬ人たちがこうした調整ゲームの場面に置かれたら、一緒に変更しようとコミュニケーションをとり、皆でBからAに変更するのは難しい。

ネットワークサービスの事業者からこれを見ると、自身の提供するサービスが他社に劣っていても、ひとたび多くの人をユーザーとして獲得すれば、その状況は長続きしやすいということだ。

「優勝劣敗」という言葉がある。文字どおり、優れているものが勝ち、劣っているから敗けるという意味だ。だがネットワーク外部性が強い市場においては、優勝劣敗が実現するとはかぎらない。優れていようが劣っていようが、先にナッシュ均衡の座をつかむことが勝ちだからだ。

日本では「ものづくり」という言葉が好まれる。だがネットワーク外部性が高いサービスにおいて、製造業的な「ものづくり」は必ずしも重要ではない。サービスを人が人を呼ぶ軌道に乗せることこそが、あるいは標準規格の座を射止めることこそが、ライバルとの競争を勝ち抜く唯一にして最良の手段だからだ。機能の優れた商品が勝つとは限らないことをネットワーク外部性は教える。

ところで僕はこの本を含むほぼすべての原稿をマイクロソフト社の「ワード」というワープロソフトで書いている。ワードへの悪口はよく聞くし、ごもっともと思うことも多いのだが、これまでいろいろな原稿をワードで作成して、出版社から「うちはワードに対応していません」と言われたことがない。これが、僕がワードを使うメリットだ。そして、僕がワードを使い続けていることは、出版社がワードに対応し続けるメリットを、ささやかながら上げることだろう。これはパレート劣位なナッシュ均衡なのかもしれない。

第7章
独占と寡占
さまざまな種類の市場

第5章で学んだように，すべての企業がプライステイカーである完全市場では，市場均衡価格が実現して，社会的余剰が最大化される．だが，企業が1つしかない独占市場や，企業数が少ない寡占市場では，企業はプライステイカーではない．そうした不完全市場では，企業が意図的な減産を行い，価格をつり上げて利潤を高められる．とはいえ，将来的にライバルが現れうるときには，独占力をフルに行使するのがトクとはかぎらない．

減産による価格の高騰

石油輸出国機構（ＯＰＥＣ）とは、サウジアラビアやイランをはじめとする産油国が形成する連合である。２０１６年12月10日に同機構は、他の主要産油国と閣僚会合を開き、石油の減産に合意した。それを受け原油市場では石油の価格が上昇し、産油国のねらいは奏功した。

石油に限らず、市場に供給される財の量が少なくなると、その財の価格は上昇する。このことを図７－１と図７－２で考えてみよう。

まず市場均衡においては、供給量はY^*で、価格はp^*である。生産者たちの利潤の和である生産者余剰はB^*の面積であらわされる（図７－１）。ここで生産者たちが供給量をYまで下げたとしよう。このとき価格はpに上昇し、生産者余剰はBに増える（図７－２）。

新たな生産者余剰Bは、もとのB^*より大きい。だから供給量をY^*からYまで削減するのは、生産者にとってトクである。では、これが消費者にとってトクかというと、そうではない。消費者余剰はA^*からAまで小さくなるからだ。では２つの余剰の和である社会的余剰から、この減産を評価するとどうなるだろう。減産後の社会的余剰である$A+B$は、市場均衡での社会的余剰A^*+B^*よりも、Cだけ減少している。減産によって生産者は儲かるが、それ以上に消費者は損失を被るので、トータルとしては死荷重Cの社会的損失が発生するわけだ。

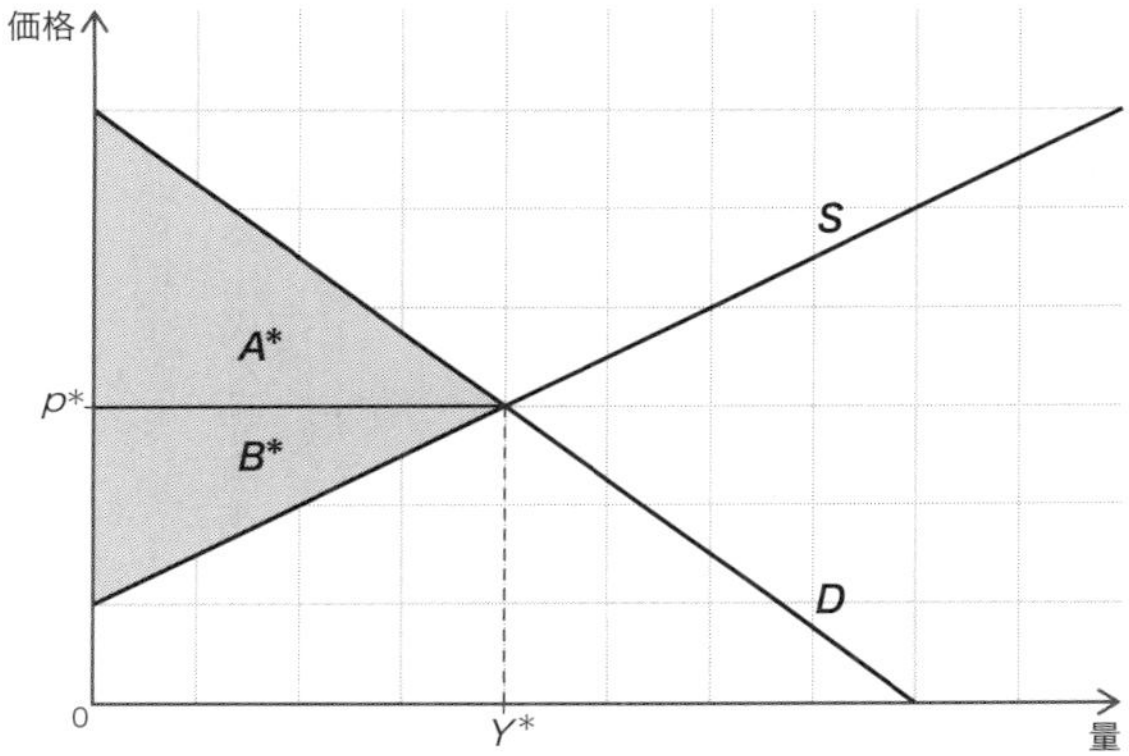

図7-1　市場均衡した状況．生産量が$Y^*(=D(p^*)=S(p^*))$となる市場均衡で社会的余剰が最大化

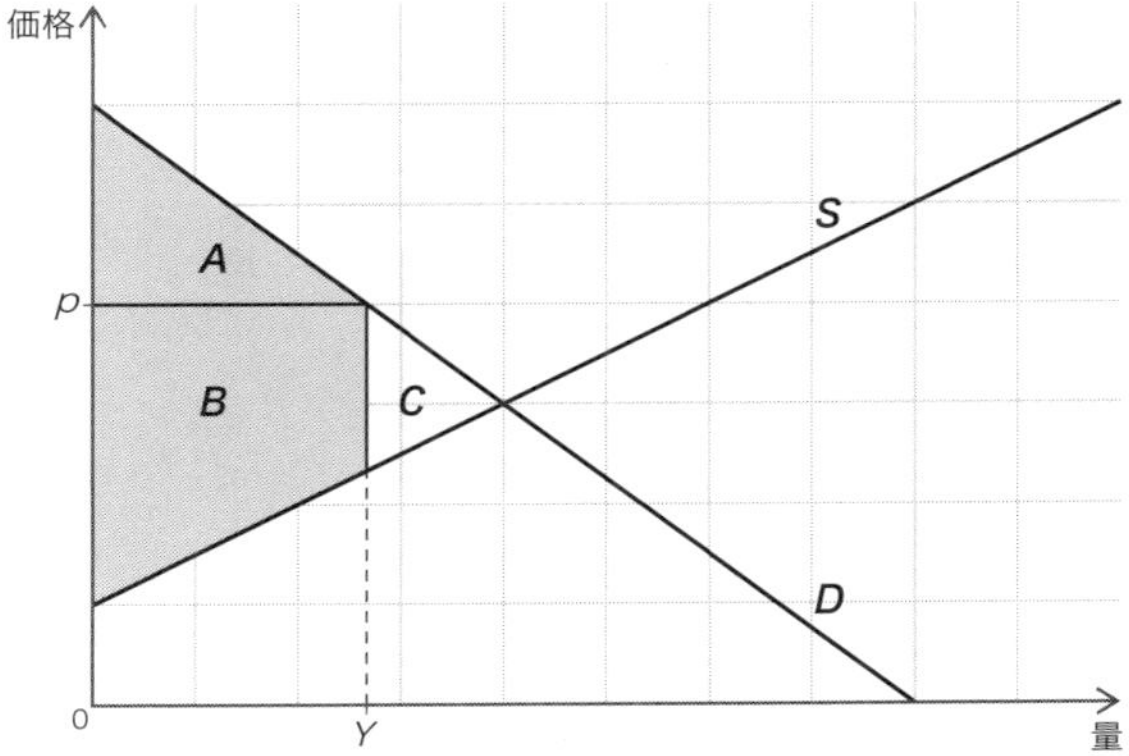

図7-2　減産した状況．生産者余剰BはもとのB^*よりも大きい．消費者余剰AはもとのA^*よりも小さい．トータルの社会的余剰$A+B$は，もとのA^*+B^*よりも小さくなる

自分の生産量が市場で定まる価格に影響を与えられない企業をプライステイカーというのであった。プライステイカーは、自分ひとりが減産しても、価格をつり上げられる影響力はない。市場に競合相手が多いとき、各企業はプライステイカーになる。すべての企業がプライステイカーである市場を**完全市場**といい、そうでない市場を**不完全市場**という。1つの独占企業だけが存在する**独占市場**は、もちろん不完全市場だ。

独占企業は、自分の生産量が、そのまま市場に流通する財の総量になる。だから生産量を通じて価格をコントロールする力が強い。たとえば減産によって価格を高め、利潤を上げられる。もちろん、これと同様のことは独占企業ではなくとも、独占企業のように振る舞える組織連合によっても可能だ。石油の減産に協調する産油国の連合はその例である。

石油の減産への協調と似た例に、豊作の年に値崩れが起こるのを恐れて、せっかく作った野菜を廃棄する農家があげられる。2012年には白菜やキャベツが豊作になり、東京の大田市場では、価格が平年より3割ほど下がる値崩れが起こってしまった。これを受けた全国農業組合連合会は、価格を上げるために、農家に野菜の廃棄処分を要請した。生産シェアの多い長野県では、白菜2175トン、キャベツ150トンが廃棄処分となった(日本経済新聞電子版、2012年9月18日付)。

一つひとつはプライステイカーである農家が、連合することでプライステイカーではなくなり、独占企業のように行動できる。そうすると大規模な廃棄処分で価格を上昇させられる。食べ物を廃棄するのはもったいないことだ。もったいないので誰かにタダであげればよいのにと思うかもしれないが、そうするとその分だけ市場で需要されなくなってしまい、やはり値崩れが起こる。農家にとっても、せっかく作った野菜をつぶすのは悲しいことだが、つぶさないと利潤が低いままになる。

参入の阻止

ところで話は変わるが、この本の水準を超えて、より本格的にミクロ経済学を勉強するときには、それなりに数学が必要になる。

そこで数学をしっかり学んでおきたい読者にお薦めするのが『経済学で出る数学』(尾山大輔・安田洋祐編著、日本評論社)というテキストだ(以下、通称にならい『経出る』と略記)。この本は扱う内容が豊富なうえ、説明が分かりやすくて、本当によくできている。

さて、物理的なことをいうと『経出る』は大型の書籍で、B5サイズの紙面が380ページもある。よって製造コストは高いはずだが、価格は格安の2100円だ(第1版第1刷の税抜き価格）。このサイズ・分量の本は、最低でも3800円くらいの値付けにするのが常識であろう。

とりわけ『経出る』は、高品質な経済数学のテキストとして唯一無二といってよいような、独占的地位のある商品である。だから、もっと価格が高くとも、販売数はあまり減らないのではないか。第3章の言葉でいうと価格弾力性は低いはずだ。ではなぜ、わざわざ価格を格安に設定して薄利多売の商品にするのだろう。

僕はその値付けの真の狙いを知らない。慈善なのかもしれない。でも、ひとつだけ確実にいえることがある。

それは『経出る』が出版されたことで、「いつか経済数学の本を書こう」と思っていた僕から、その意欲がさっぱり消え失せてしまったことだ。もちろん、僕は『経出る』の値付けが僕を意識してのことだなんて、おこがましいことをいうつもりはまったくない。

だが、あくまで仮定の話として、僕が多大な労力をつぎ込むと、『経出る』と同程度に高品質な経済数学のテキストが書けるとしよう。では、そのテキストを2100円以下の価格で刊行したい出版社はあるかというと、多分ない。岩波書店も多分そんなことはしたくない。

おそらくだが、このレベル、つまり格安といえども2000円以上の値付けをする難度の経済数学のテキスト市場は、そう大きなものではない。かりに僕の本が成功して『経出る』の読者層をある程度奪えたとしても、薄利なだけで多売にはならないだろう。そんなことを想像すると、労多くて益少ない商品をわざわざ作る気にはなれない。

つまり、僕や出版社の、経済数学テキスト市場に参入するインセンティブは、既存の格安な優良商品により削がれたわけだ。そして、おそらく僕以外にも、経済数学のテキストを書く気を失った潜在的な書き手はいると推測する。

独占的地位のある高品質な財であっても、長期的なことを考えると、潜在的な競争相手がいる市場では、高い価格が利潤を高めるとは限らない。それは、一時的には高い利潤を導けども、やがて価格競争を仕掛けてくる新規参入を招き、長期的な利潤を低めてしまうからだ。

価格競争を仕掛けてくる新規参入が現れた事例をひとつあげよう。

スタインウェイ社のピアノは演奏者からの評価が世界的に高く、日本でも多数の音楽ホールに設置されている。あるとき松尾楽器商会は、スタインウェイ社から、日本国内での販売を一手に引き受ける代理店の立場を獲得していた。つまり松尾楽器商会は日本国内でスタインウェイピアノを独占的に供給していた。

ところがスタインウェイ社は、日本国外の代理店、たとえばオランダやドイツの代理店にもピアノを販売する。松尾楽器商会とは別の日本の商社は、それらの国外代理店からスタインウェイピアノを購入して、日本に輸入できる。つまり、商社はスタインウェイピアノの並行輸入ができ、それを行うようになった。

そこで松尾楽器商会は、スタインウェイ社に対して、並行輸入ができなくなる措置を求めた。それらの国外代理店に、日本の商社には売らないよう、スタインウェイ社から働きかけるように要請したのだ。当初、スタインウェイ社は松尾楽器商会の要請に応じていたが、日本の公正取引委員会はそれを独占禁止法に違反と勧告し、並行輸入は再開された。

話をまとめよう。今日の時点では独占企業であっても、将来の時点では競合相手が参入しうる状況では、独占企業といっても財に高価格をつけるのがトクとは限らない。むしろ意図的に低価格をつけて、競合相手が参入するインセンティブを削ぐほうがトクなときがある。

展開形ゲーム

これから、こうした状況を端的に描く**展開形ゲーム**を考えていこう。展開形ゲームとは、あるプレイヤーは「先攻」で、別のプレイヤーは「後攻」でというように、人々の意思決定の順番が異なる状況をえがく分析ツールだ。まずは状況を整理して、それから**ゲームツリー**(ゲームの木)という図で展開形ゲームを表していく。

プレイヤーは、既存の独占企業Aと、新規参入を狙う企業Bだ。これから2段階からなる展開形ゲームを考えていこう。

第1段階で選択をするのは先攻のAだ。Aは独占的に販売する財の価格を、「高値」にするか、「安値」にするか、いずれかを選ぶ。第2段階で選択するのは後攻のBだ。Bは第1段階でのAの選択を観察したうえで、同じ財の販売に「参入する」か「参入しない」か、いずれかを選択する。そして両社の利潤が定まる。

Aが高値を付けると、それを見たBは勝算ありと判断して参入する。だが、Aが安値を付けておくと、Bは勝機なしと判断して参入しない。安値に安値で対抗してもソンするだけだからだ。そして、これを予想するAは、あらかじめ安値を付けておいて、Bが参入するインセンティブを削ぐほうがトクである。図7-3のゲームツリーがあらわす展開形ゲームは、この状況をえがくものだ。

ここで、Aは安値を選び、Bが参入しないという選択の組み合わせである(安値，参入しない)が、**サブゲーム完全均衡**の結果になっている。サブゲーム完全均衡の結果とは、「自分がこう選択したら、相手はこう選択してくる」とプレイヤーが予想して、そのうえで自分にとって最も利潤が高まる選択をする状況をあらわすものだ。そのようなAの思考を、一つひとつてい

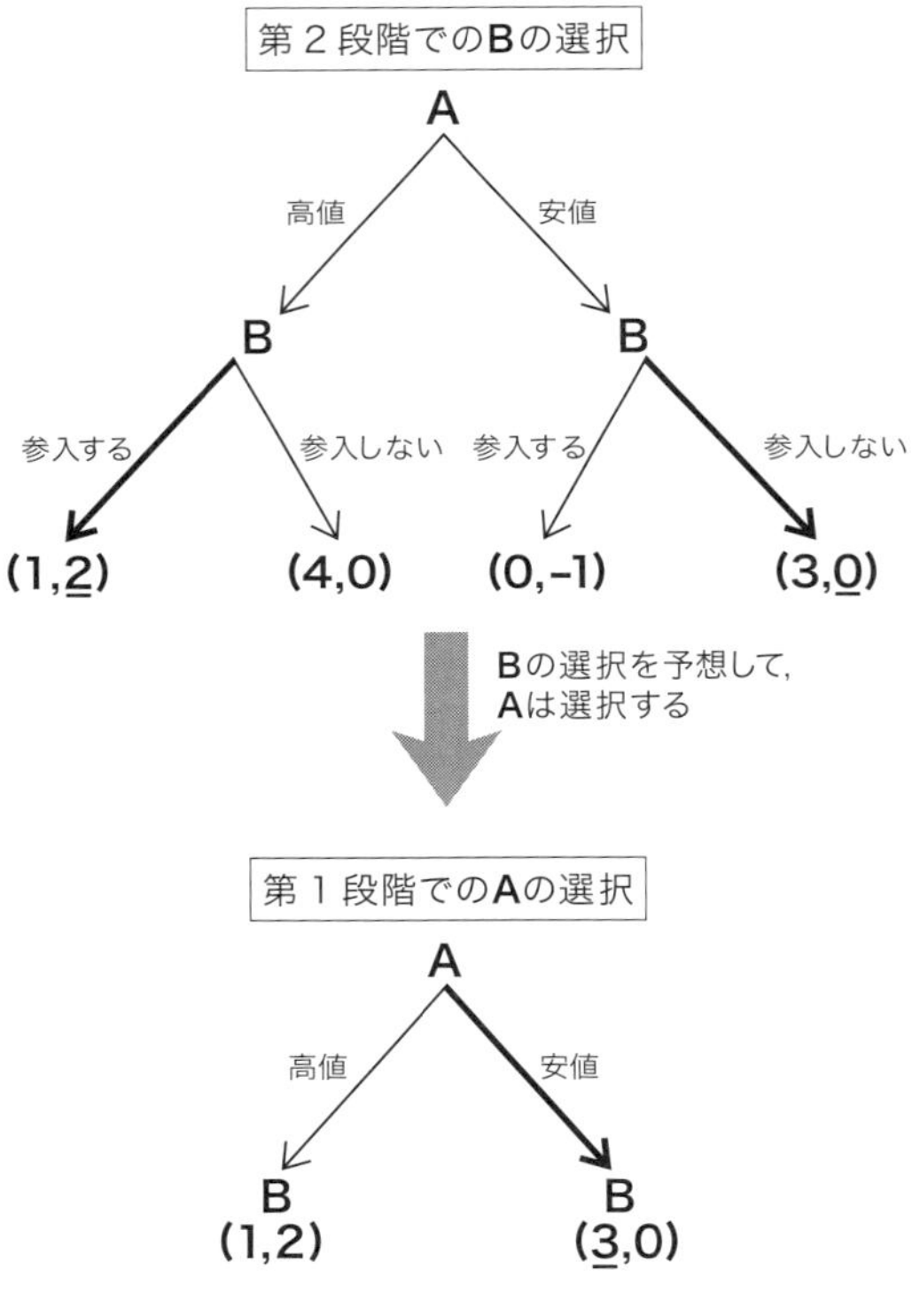

図7-3 展開形ゲーム．Aはあらかじめ安値をつけてBが参入するインセンティブを削ぐのがトク．カッコ内の数字は(Aの利潤，Bの利潤)を表す

ねいに追っていこう。

- 自分が高値を選んだらBは参入してくるだろうか？　してくるだろう。なぜならBの利潤は参入すると2だが、参入しないと0なのだから。
- 自分が安値を選んだらBは参入してくるだろうか？　しないだろう。なぜならBの利潤は参入するとマイナス1で、参入しないと0なのだから。
- ということは自分の利潤は、高値を選ぶと1に、安値を選ぶと3になる。安値のほうがトクだから、自分は安値を選ぼう。

こうしてAは安値を選び、Bは参入しないことを選ぶ。Aの思考は、自分がこうすると相手はああしてくる、と後ろから逆向きに解いていくもので、この推論のやり方を、**逆向き帰納法**(バックワード・インダクション)という。サブゲーム完全均衡の結果は、逆向き帰納法により求められる。

クールノー寡占市場

ここでは、同じ財を生産する2つの企業Aと企業Bが、それぞれ生産量を選び、総生産量から市場の価格が決まり、そして各社の利潤が定まる**クールノー寡占市場**を考えよう。

第3章で学んだベルトラン寡占市場では、供給者(コーヒーを売るジョンとポール)が価格を選んでいた。一方、クールノー寡占市場で供給者(企業Aと企業B)が選ぶのは、あくまで生産量だ。

クールノー寡占市場での企業は、自社の生産量が価格に影響を与えるので、プライステイカーではない。そしてまた、他社の生産量も価格に影響するので、独占企業とも異なる。なお、このように少数の企業がいる市場を**寡占**といい、とくに企業の数が2つのときを**複占**という。

ここでは話を簡単にするため、各社が選択しうる生産量は「少量」「中量」「多量」のいずれかだとしよう。起こりうる状況は3×3=9通りある。図7-4は、各状況での両社の利潤をあらわしている。たとえばAが少量、Bが中量を生産するとき、Aの利潤は4、Bの利潤は8となる。図7-4を眺めると、AとBがともに少量を選ぶ(少量，少量)が、両社とも高い利潤の(7，7)を導くので、良さそうに見える。この状況は、イメージとしては、財の希少価値が高まり価格がとても高くなったものだ。そんな感じのイメージで図7-4の数値は書きこまれている。

だが(少量，少量)は実現しがたい。AもBも、相手が少量を選んでくるなら、自分は中量を選ぶほうがトクだからだ。というのは、かりにBが少量を選んでくるなら、Aの利潤は、少量を選ぶなら7、中量を選ぶなら8、多量を選ぶなら6になるから。

では、どの状況が実現するだろうか。結論からいうと、それはAもBも中量を選択する(中量，中量)だと考えられる。かりに他の状況、たとえば、(少量，少量)になったとしても、続きはしない。それはなぜか考えるため、Aの立場から利潤の表を眺めてみよう。

A＼B	少量	中量	多量
少量	7, 7	4, 8	3, 6
中量	8, 4	5, 5	2, 2
多量	6, 3	2, 2	1, 1

図 7-4　利潤表

もしBが中量を生産するなら、Aはどうするだろう。結論からいうと、このときAは中量を選ぶはずだ。利潤の数字にイメージがわくよう説明しよう。Bはいま中量を選んでいる。Aがここで多量にすると値崩れが起こり、利潤は2しかない。そして少量を選ぶと、値崩れは起きないけれど、そもそも生産量が少ないせいで、利潤は4にとどまる。中量だと、ほどよい値段と生産量で、利潤は5になる。よって、Aにとっては中量にするのが一番トクだ。同じくBも、Aが中量にするなら、自分も中量にするのが一番トクだ。

この(中量，中量)のように、互いに、相手がいまの選択をするかぎり、自分もいまの選択をするのがトクな状況を「ナッシュ均衡」(第6章を参照)というのであった。

ここでナッシュ均衡は(中量，中量)だけで、他の状況はどれもナッシュ均衡ではない。たとえば、(多量，中量)では、Aは多量をやめて中量にすると、利潤が2から5に上がってトクをする。だから、(多量，中量)はナッシュ均衡ではない。

AとBにとっては、(少量，少量)のほうが、ナッシュ均衡の(中量，中量)よりも利潤が5から7に上がる。つまり消費者の利益を脇において、生産者であるAとBのことだけを考えると、(少量，少量)は(中量，中量)よりもパレート優位(第6章参照)だ。そして、AとBが自分たちの長期的な利潤を高めようと談合するならば、(少量，少量)の状況が継続的に実現しうる。談合については、第3章のベルトラン価格競争での談合と同様のストーリーが成り立つので、そこでの議論をあらためて参照してほしい。

入門の入門

第8章

リスクと保険

確実性と不確実性

第8章では不確実性があるときの「条件付き財」について考えていく．これは保険のように，将来病気になったときのみお金が支払われるといった，特定の条件のもとでのみ何かが行われる財のことだ．期待効用理論にもとづき，どのような人が保険に多くのお金を使い，またなぜ保険は商売として成立するのかを考えていこう．

条件付き財

生命保険に加入するとき、心をときめかせる人は多くないだろう。店舗でひと目惚れした洋服や、立ち読みで心をつかまれた本をレジに持っていくとき、あるいはお気に入りの洋食屋で好きなランチを注文するとき。そんなときと同じように、心をときめかせて生命保険に加入する人は、あまりいないと思うのだ。

なんせ生命保険は、自分が死んだら他者がお金を受け取れるという商品である。家庭の主な稼ぎ手が、自分が不慮の事故や病気で死亡したときのことを考えて、生命保険に加入することが多い。ときめくためには想定する状況がシリアスすぎる。

だが生命保険が洋服や本やランチと似ていないのは、そうしたときめきの欠乏だけではない。生命保険は、契約で定めた期間内に、もし被保険者が死亡したら、指定された受取人が保険会社に保険金を請求できるという商品だ。そして洋服や本やランチは、将来の「もし」の状況においておいて何かを受け渡しする商品ではない。

将来、被保険者の死亡という「もし」の条件が成立したら、受取人は保険会社に所定の金額を請求できる。その条件が成立しなかったら、請求できない。このように、将来に特定の条件が成立したときのみ特定の行為を可能とする財を、**条件付き財**という。

賭け事や投資にかんする財は条件付き財だ。たとえば、宝くじは、券面に印刷された番号が賞金の当選番号になったときのみ賞金と交換できる。競馬の馬券や、カジノのルーレットに賭けたチップもそうだ。株式や証券といった金融商品は、取引価格が経済や経営の状況に応じて日々変動する条件付き財だ。

やや趣が異なる例には美術品がある。たとえば、現代美術の作品は、愛好や鑑賞だけでなく、投資の対象にもなる。将来が有望そうな新進作家の作品を購入する投資家にとって、その作品は条件付き財だ。作家の評価が高まるという条件が将来成立したときのみ、高く売るという行為は可能となる。

不確実性

くじを例に、条件付き財を考えていこう。いま確率50%で1万円もらえて、残りの確率50%で0円もらえる(＝1円ももらえない)くじが売られているとする。あなたはこのくじ1枚を購入するのに、いくらまで払ってよいと思えるだろうか。くじは購入後すぐに結果が分かって、お金の支払いは即なされるものとする。

僕自身はこのくじには、せいぜい千円くらいしか払いたいと思わない。わざわざそんなくじを買ってソンをする(かもしれない)のは、お金がもったいないと感じるからだ。千円を超すなら買わないし、千円なら買ってても買わなくてもよいし、千円未満なら買おうと思う。つまり僕にとって確実な千円と、半々の確率で1万円か0円になる不確実なくじは無差別だ。

このように、不確実なくじと、それと無差別になる確実な金額を、そのくじの**確実性等価**という。確実性等価の概念は、人々のリスクへの態度を分類するうえで便利だ。

さて、千円が確実性等価というのは僕の主観がそうなのであって、そのくじに5千円まで払ってよい人や、1円たりとも払いたくない人だっているだろう。そこには、人のリスクに対する態度が現れる。では、いったいリスクに対する態度の相違は、もともとは何への好みの相違にもとづくのだろう。これを「お金からの効用」によって理解していきたい。

いま、ある人は、それぞれの金額mについて、満足度の指標の数値$U(m)$を持っているとしよう。今後、表現を簡単にするため、満足度の指標の数値$U(m)$を**効用**、Uを**効用関数**と呼ぶ。

金額が増えると効用は高まると想定するのは妥当なことだろう。つまり、mが増えると$U(m)$は高まる。ただし、どの程度高まるかは相応の個人差がある。まずは例として図8-1の効用関数を見てみよう。この効用関数は、お金が増えると効用は増えるが、増える量は減る**限界効用逓減**のかたちをしている。

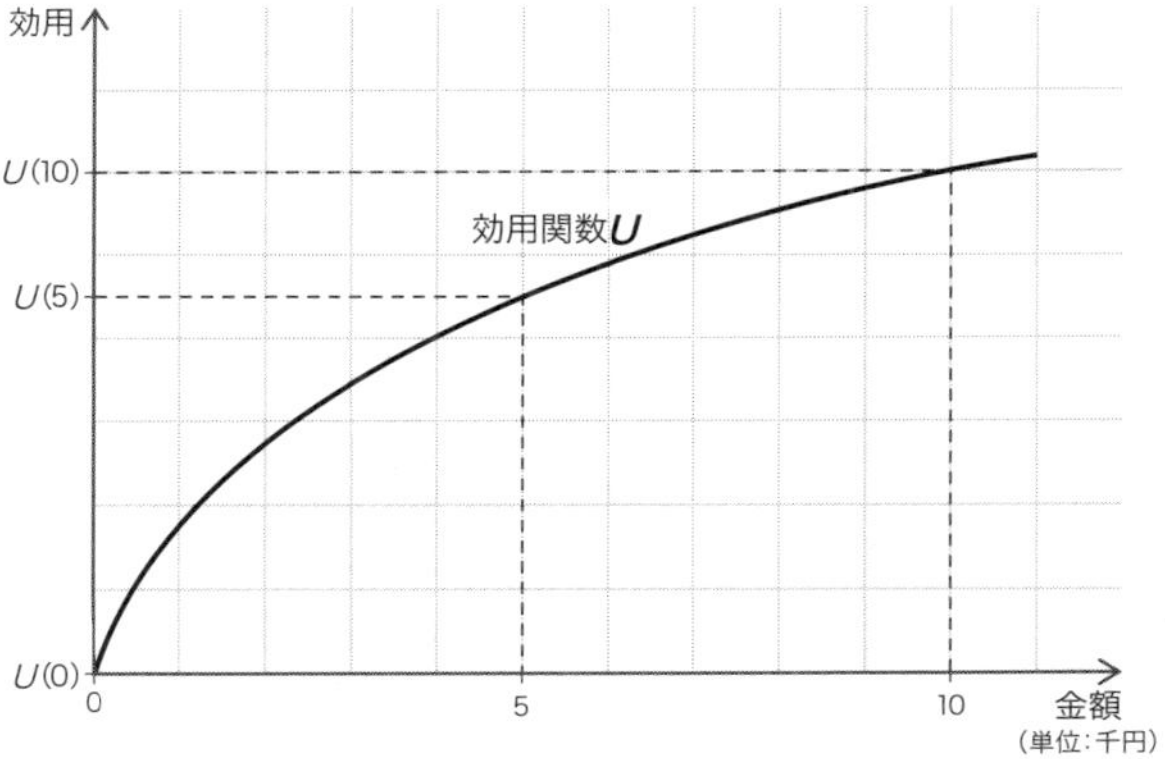

図8-1　お金からの限界効用が逓減する効用関数U. 5千円が2倍の1万円に増えても効用は2倍までは増えない

図8-1の効用関数の特徴は、金額が2倍になっても、効用が2倍にまではならないことだ。たとえば、千円単位で数値を表記すると、5千円の効用は$U(5)$で、1万円の効用は$U(10)$だ。そして効用が2倍とは$U(5)+U(5)$だが、これは金額を2倍にしたときの効用$U(10)$よりも高い。

これから考える**期待効用理論**では、「人は条件付き財を、効用を発生確率で加重和した**期待効用**で評価する」と考える。半々の確率で1万円か0円が出るくじへの期待効用は、$0.5\times U(10)+0.5\times U(0)$だ。ところで、このくじの**期待値**は、金額に確率をかけて足した5千円だ（0.5×1万円$+0.5\times 0$円$=5$千円）。期待効用は、金額の期待値ではなく、効用の期待値である。

図8-2を見ると、$U(3)=0.5\times U(10)+0.5\times U(0)$となっていることが分かる。これは100％の確率で3千円もらえるくじと、半々の確率で1万円か0円をもらえるくじの、期待効用が等しいということだ。100％の確率で3千円がもらえるくじとは、要するに3千円そのものだ（3千円からの効用がそのまま期待効用）。だから、この人は、そのくじの価格が3千円より高いなら買わないし、安いなら買う。つまり3千円が確実性等価だ。

お金からの限界効用が逓減する個人は、くじが外れたときのダメージが大きいから、少額でも確実に得られるお金を好み、確実性等価が期待値より低くなる。これを、**リスク回避的**という。多くの人々がリスク回避的だからこそ保険という商品は成立する。

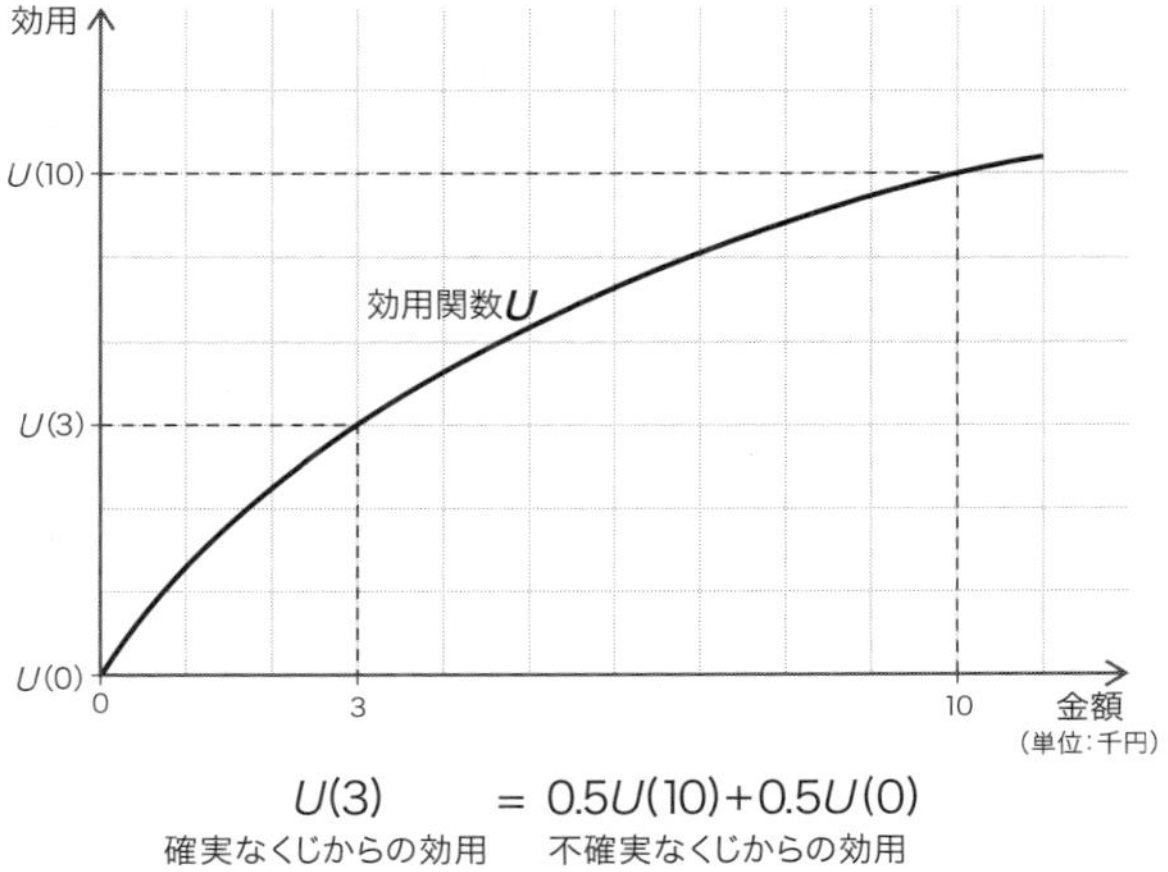

図8-2　期待効用と確実性等価．半々の確率で1万円か0円になるくじと，確実に3千円もらえるくじを等しく好む．このくじへの確実性等価は3千円．期待効用はリスク回避的になる

リスク愛好とリスク中立

お金からの限界効用が逓増する個人は、くじが当たったときの喜びが大きく、くじへの確実性等価が、そのくじの期待値より高くなる。これを、**リスク愛好的**という。図8-3にある限界効用が逓増する例だと、半々の確率で1万円か0円をもらえるくじへの確実性等価は、8千円だ。この人は、1万円を手に入れるときの嬉しさがあまりに大きいので、それが起こる確率は50％だけなのに、8千円までならこのくじに払ってもよいと思っている。

お金からの限界効用が一定の個人にとっては、くじへの確実性等価が、そのくじの期待値と一致する。これを、**リスク中立的**という。図8-4の例だと、半々の確率で1万円か0円をもらえるくじへの確実性等価は、期待値と同じく5千円だ。

保険会社とリスクプレミアム

いま、家賃収入が確率50％で1万円になり(状況A)、確率50％で0円になる(状況B)、不確実な状況に置かれた大家を考えてみよう。彼はこの不確実性への対処を求めて保険会社に相談した。家賃の対象の物件は、条件付き財としては、これまで扱ってきたくじと同じだ。大家は

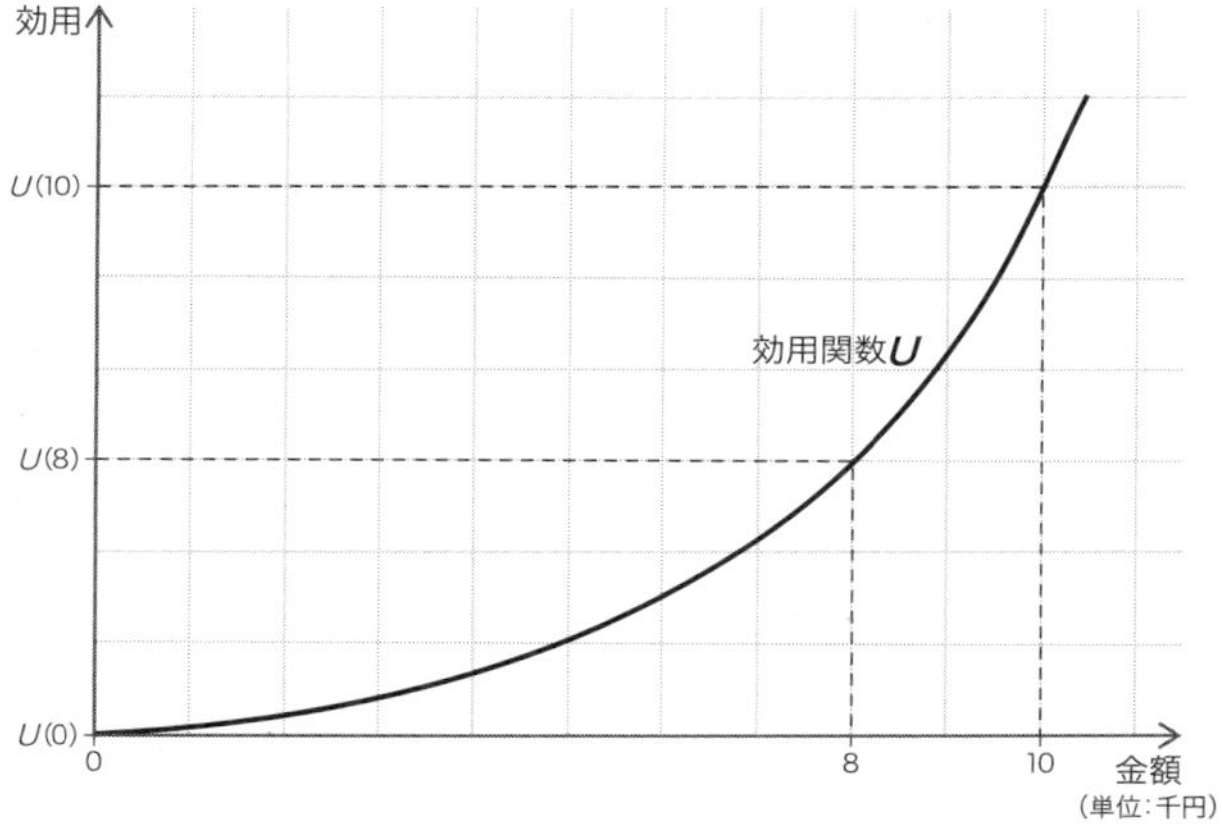

図8-3　お金からの限界効用が逓増する効用関数U. くじへの確実性等価が8千円の場合の例. 期待効用はリスク愛好的になる

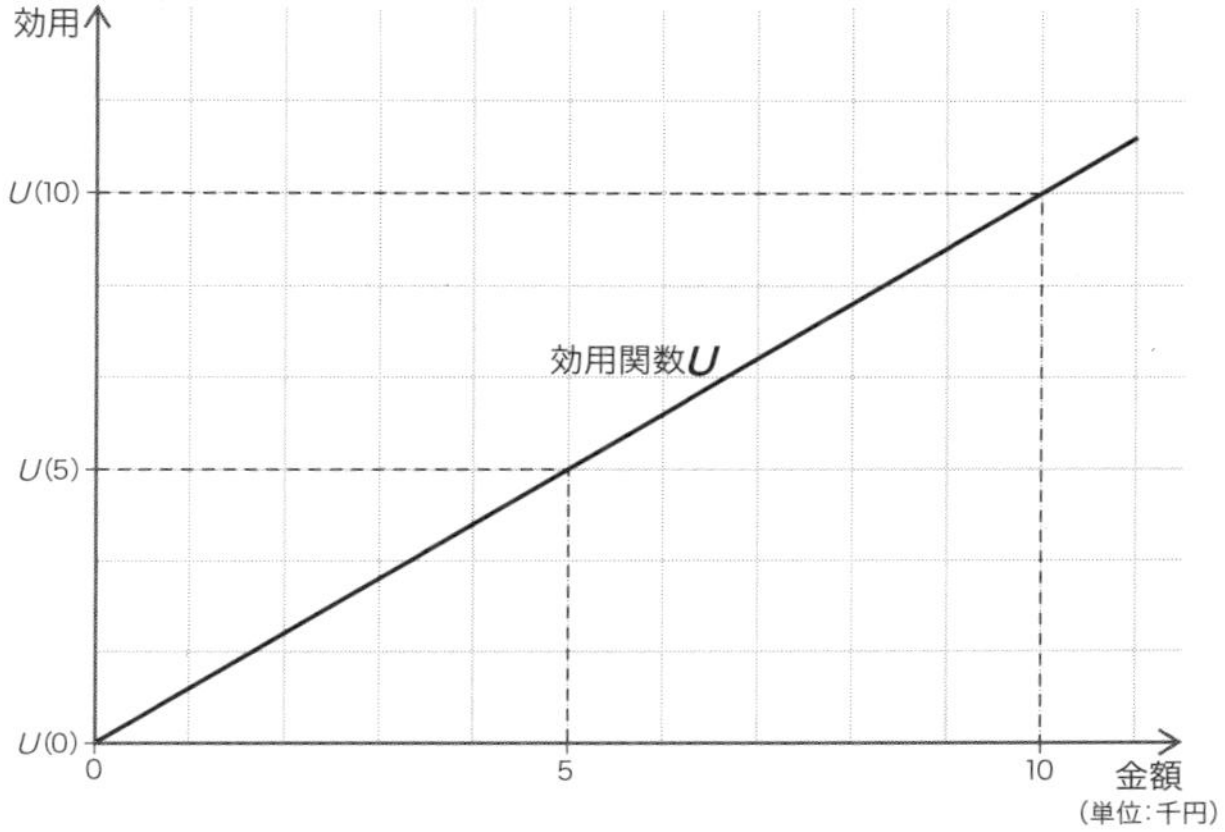

図8-4　お金からの限界効用が一定の効用関数U. くじへの確実性等価が5千円の場合の例. 期待効用はリスク中立的になる

リスク回避的で、この条件付き財への確実性等価は3千円とする。

保険会社は、大家に次の保険の提案をする。「もし家賃収入が1万円入る状況Aが実現したら、あなたは私に7千円払ってください。その代わり、もし家賃収入が0円の状況Bが実現したら、私はあなたに3千円支払います」。

つまりこれは、状況Aが実現しようが、状況Bが実現しようが、大家の収入は3千円になる保険の提案だ。大家の、このくじへの確実性等価は3千円なので、この提案は大家にとってはギリギリ許容可能なものだ。

このくじの期待値は5千円だったことを思い出してほしい(0.5×1万円+0.5×0円=5千円)。期待値と確実性等価の差額を、**リスクプレミアム**という。ここでリスクプレミアムは、期待値の5千円と確実性等価である3千円の差額の、2千円である。これが保険会社の、大家と契約する段階での仮想的な儲けだ。大家の代わりにリスクを引き受けることで発生する儲けだ。

とはいえ、これは本当に「儲け」なのだろうか。保険会社は、状況Aが実現したら7千円得られる代わりに、状況Bが実現したら3千円失うことになる。つまり、リスクプレミアムの2千円は、契約の段階で、儲けとして確定したわけではない。

ところが、いま保険会社は、この大家と同様の状況に置かれた非常に多くの人と、同じ内容の保険を契約しているとしよう。そして、大家を含むそれらの人々は、ある者には状況Aが、別の者には状況Bがというように、それぞれ独立に状況Aや状況Bが実現するものとする。

となると、契約を結んだ人々が非常に多いと、状況Aが実現する人がほぼ50%、状況Bが実現する人もほぼ50%いる、ということになる。これは、非常に多くの人々が同時にサイコロを転がしたとき、各目の出る人の割合は、ほぼ6分の1になる、というのと同じである。

話を分かりやすくするため、契約者を10万人だとしよう。保険会社は、そのなかのほぼ5万人から7千円を受け取り、残りのほぼ5万人に3千円支払うことになる。状況Aの1名から7千円を取って、そこから4千円を中抜きして、状況Bの1名に3千円を支払うようなものだ。

中抜きの総額は、4千円をほぼ5万件なので、ほぼ2億円である。この金額を契約者数の10万人で割ると、ほぼ2千円。これは、ほぼリスクプレミアムの金額である。つまり、保険会社は非常に多くの人と同じ内容の契約をすることで、全体としてのリスクを低減して（**ヘッジ**して）、きわめて高確率で収益をあげる。

逆選抜

ハリウッド女優のアンジェリーナ・ジョリー氏は、遺伝子検査によって、自分のBRCA1という遺伝子に異常があることを知った。医師によると、このまま放置すると87%の確率で乳ガンを発症し、50%の確率で卵巣ガンになるという。母、祖母、叔母がこれらのガンで若く落命するのを見てきたジョリーは、自分がガンになる前に、あらかじめ乳房と卵巣・卵管を切除する手術を受けた(Angelina Jolie Pitt "Diary of a Surgery" *The New York Times*, March 24, 2015)。

人によって特定の疾病にかかる確率は異なる。そこでいま、ある疾病について、かかりやすいハイリスクな者と、かかりにくいローリスクな者がいるとしよう。各人は自分がハイリスクかローリスクか分かるが、保険会社にはそうでないものとする。つまりリスクのタイプについて、保険の加入者と保険会社のあいだには、**情報の非対称性**がある。

保険会社がその疾病についての保険を販売することを考えてみよう。保険会社には誰がハイリスクかローリスクか分からない。それゆえ、人々に一律の価格で保険を販売する。

では、どのような人がこの保険に加入するかというと、ハイリスク者ほど多く加入するだろう。時間が経つにつれ、ハイリスク者は高確率で疾病を発症していき、それに気づいた保険会社は保険料の引き上げを行う。それによりローリスク者は保険に加入しなくなり、もちろん、これは加入者のなかでのハイリスク者の割合を上げる。これが**逆選抜**という状況である。逆選抜を解消する単純な方法は、個々人のリスクと無関係に、全員を強制的に保険に加入させることだ。これは日本の国民皆保険制度がやっていることである。さまざまな人々のリスクを社会全体でヘッジする仕組みであり、リスクの社会化といえよう。

もうひとつ、逆選抜を解消する方法は、保険会社が契約者に情報の開示を求めることだ。たとえば加入の審査のとき、遺伝子検査の結果の提出を求めるようにする。ハイリスク者は加入を断られるか、高額な保険料を要求される。逆に、ローリスク者は加入しないか、低額な保険料を払う。リスクの個人化といえよう。

現時点では遺伝子検査は普及しておらず、その結果の提出が保険の申請時に求められることはない。ただし、現時点でも、既往症がある人は民間保険の加入を断られることが多い。だから将来、遺伝子検査が普及したときに、特定の遺伝子に異常がある人が民間保険の加入を断られるようになっても不思議ではない。

そして、人は自分の遺伝子を自分で選んで生まれてくるわけではないから、それにより保険の加入が断られるのは、ずいぶん酷なことのように思われる。だが、民間の保険会社が、利潤の追求のためにハイリスク者を除外することは、不当なことなのだろうか。これは保険倫理に関わる難問である。そして、この難問の存在は、遺伝子に関係なく全員に強制加入させる、公的保険制度の意義を高めている。

入門の入門

第9章

公共財

なぜみんなに大事なものは，いつも足りないのか

これまでの章では，財は，水や食料のように，所有者が一人で消費することを想定してきた(他人に財を与えることはできても，与えられた人だけが消費する)．そうした財を「私的財」というが，第9章では私的財でないタイプの財について考えていく．みんなで共同利用でき，しかも拠出に貢献せずとも利用できる「公共財」は，人々の自発的供給に任せていては十分な量が供給されない．

財の4分類

それなりに長いあいだ経済学を学んできてつくづく思うのだが、太陽は偉大だ。どれだけ悩みの種があっても、よく晴れた日に海岸や、河川敷や、野原に遊びに行ってしまえば、わりと色んなことがどうでもよくなる。締め切り仕事も、まあいいや、本当に怒られるまでは放置しておこう、俺に仕事を頼んだやつが悪いと思えてくる。たぶんお陽さまのもとで体を動かすと、幸福感を増す脳内物質が上手く流れるようになるのだ。悩み事などない、悩んでいる状態の脳があるだけである、ならばその状態を物理的に変えてしまえばよい。

個人的な想いを語ってすまない。経済学に話を返そう。

人間は植物と違って光合成ができない。つまり生きるためには水や食料も必要である。ではいったい太陽という財は、水や食料といった財と、消費においては何が異なるのだろうか。そこで、水や食料は満たすけれど、太陽が満たさない性質を2つあげてみよう。そして、それらの性質により、さまざまな財を分類していこう。

- ［競合的］　複数の人々が同時に利用できないこと。

・[排除的]　拠出に貢献した特定のメンバーしか利用できないこと。

水や食料は競合的だ。僕が飲む水も、食べる食料も、他の人は飲んだり食べたりできない。そして、水や食料は排除的だ。僕が所有する水や食料は、僕や、僕が許可した者しか飲んだり食べたりできない。

ところが、太陽は競合的でも排除的でもない。僕が陽の光を浴びるときに、他の人も同時にそれができる。そして、誰でも太陽の恩恵にあずかれる。税金を納めていなくとも、入会金を払わずとも、陽光を浴びられる。

太陽は実に気前よく存在してくれており、太陽を作った人間はいないし、その作成費用を支払った人もいない。だが一般に、競合的でもなく、排除的でもない、いわばいつでも誰でもその恩恵にあずかれる財は、自然発生的に誕生してくれるわけではない。大抵の場合、誰か人間が供給するのである。

競合的で排除的な財を、**私的財**という。これまで明示的に述べてこなかったが、本書では市場を考察するときには、財が、私的財であることを想定してきた。この章では、私的財と対照的な、競合的でも排除的でもない**公共財**について考えていきたい。そこでまずは公共財の例をいくつかあげてみよう。

［公共財の例］

- 国防サービス　侵攻してくる敵国から自国を防衛するとき、その国の国民は同時に国防の利益にあずかれる（非競合的）。また、納税していない人でも、その利益にあずかれる（非排除的）。
- 一般道路　他の人が道路を利用していても、渋滞が起こるほど大人数でなければ、皆で同時に利用できる（非競合的）。また、納税していない人でも、道路を利用することは制限されない（非排除的）。

財が排除的でないというのは、いくつかあり方にパターンがある。物理的に排除できないのか、社会的にすべきでないのか、経済的にできないのか、等である。

国防サービスについていえば、納税していない人も、そのサービスの受益を物理的に排除できないし、また「生命身体の安全」は基本的人権のひとつであり社会的に排除すべきではない。一般道路についていえば、納税していない人も、「移動の自由」は基本的人権のひとつであり、社会的に排除すべきではない。また、納税していない人の一般道路の利用を制限するには、監視カメラやゲートの設置など、高い費用がかかるから排除は経済的ではない。

非競合的だが排除的である**クラブ財**の例には、高速道路がある。高速道路は、渋滞が起こるほど利用者が多くなければだが、みんなで同時に利用できる(非競合的)。そして、利用料金を納めない人は、利用できない(排除的)。なお、高速道路のサービスを有料にしているのは、そのサービスは移動の自由が保障するものを越えており、人権上の問題はないという考えにもとづく。

競合的だが非排除的な**コモンプール財**の例には、漁場がある。漁場は、どの漁師が魚を獲るかで競合している(競合的)。だが漁業権の免許を持っているかぎり、漁は制限されない(非排除的)。漁の数量は、みんなでコントロールしないと乱獲が起こり、海洋資源が枯渇しやすい。

図9-1は、これら4つの財の分類をまとめたものだ。

	競合的	非競合的
排除的	私的財	クラブ財
非排除的	コモンプール財	公共財

図9-1　財の4分類

公共財の自発的供給

ここでは公共財の自発的供給問題を考えていこう。排除的でも競合的でもない財が人々の自発的な行動により十分に供給されるか、が問いである。こうした供給問題を端的にあらわす次の状況を考えてみよう。

いま2人の個人AとBがいる。Aは自分のお金を公共財に「寄付する」「寄付しない」のいずれかを選択する。Bも、Aと同様に、自分のお金を公共財に「寄付する」「寄付しない」のいずれかを選択する。

AとBはこの公共財を、自分が寄付してもしなくとも(排除的でなく)、同時に利用できる(競合的でない)。自分の寄付による公共財が、自分のみならず、他人をも利する。つまり自分は寄付せずとも、相手の寄付から利益を受ける**フリーライド**が可能である。AとBがともにフリーライドしようとすると、公共財はまったく供給されない。

図9-2の利得表があらわす状況を見てみよう。この図にある4つのマスは、起こりうる4つのケースに対応している。それらケースとは、(1)AもBも寄付する、(2)Aだけが寄付する、(3)Bだけが寄付する、(4)AもBも寄付しない、である。各マスにある数値の左がA、右がBの利得をそれぞれあらわしている。この利得表の数値の計算に関心のある読者は、図の説明文を参照されたい。

この状況で、Aは寄付するか、寄付しないかの、どちらを選ぶだろうか。もしBが寄付する

A＼B	寄付する	寄付しない
寄付する	4, 4	2, 5
寄付しない	5, 2	3, 3

図 9-2　利得表

この利得表の数値は次のストーリーにもとづく計算による．まずAとBは，それぞれ私的財を3つ持っている．AとBの選択肢は，自分の私的財3つをすべて寄付するか，寄付しないかの二択のみだ．AとBが寄付した私的財の和を2/3倍したものが，公共財になる．つまり，私的財3つは，公共財2つに変換される．各自の利得は，自分の残りの私的財と，公共財の和とする．

- 誰も寄付しないケース．公共財の量は0を2/3倍した0である．Aの利得は，私的財3と公共財0を足した，3である．Bも同様．
- Aだけが寄付するケース(Bだけが寄付するケースも同様)．公共財の量は3を2/3倍した2である．Aの利得は，私的財0と公共財2を足した2になる．Bの利得は，Bの私的財3と公共財2を足した5になる．
- AとBがともに寄付するケース．公共財の量は6を2/3倍した4である．Aの利得は，私的財0と公共財4を足した4になる．Bも同様．

なら、Aは寄付しないほうがトクだ(5は4より大きいから)。そして、もしBが寄付しなくとも、やはりAは寄付しないほうがトクだ(3は2より大きいから)。よって、Bが寄付しようがすまいが、Aにとっては寄付しないほうがトクだ。

このときの「寄付しない」のように、相手がどのような選択をしようとも、自分にとって一番トクな選択肢が同じとき、その選択肢を**支配戦略**だという。Aにとっては寄付しないのが支配戦略だ。そして、この話はBについても同様だ。つまり、Aが寄付しようがすまいが、Bにとっては寄付しないことがトクであり、支配戦略になっている。

AもBもそれぞれ支配戦略を選び取る「Aは寄付しない、Bは寄付しない」状態を、**支配戦略均衡**という。支配戦略均衡において、Aの利得は3で、Bの利得も3だ。そして、これは両者にとって好ましい状態かというと、そうではない。「Aは寄付する、Bは寄付する」状態では、Aの利得は4で、Bの利得も4になる。つまり、両者とも寄付しないと各自の利得は3だが、両者とも寄付するとそれが4に上がる。

もし、ともに寄付しない状態から、ともに寄付する状態に移行できるなら、互いの利得は3から4に上がる。つまりパレート優位な状態に移行することになる。だが公共財の供給を個々のプレイヤーの自発的供給に任せていては、パレート劣位な結果が実現してしまう。こうなると、政府が強制的に課税し、それを財源に公共財を供給することが、ひとつの方策となる。

ただし、政府が誰にいくらの税を課して、どの程度の量の公共財を適切と決めるのかは、別の難しい問題だ。放っておいて上手くいかないことは、政府に任せて上手くいくことを保証するわけではない。どのような社会的仕組みなら上手く機能するのかは、ゲーム理論を制度設計に活用する**メカニズムデザイン**という専門分野で扱う。

第10章
再分配
格差と貧困をどう測るか

完全市場で社会的余剰が最大化されるのが好例だが，市場は社会全体の富を増やすはたらきの強い制度だ．だが市場はタテ方向に富を増やすはたらきはあっても，ヨコ方向に広げる機能はない．売る物がない人は何も買えないし，ひどい境遇におちいった人を救うセーフティーネットも，それ自身では備えていない．第10章では，富がヨコ方向にどの程度広がっているかを計測するための，格差と貧困の指標について学んでいく．

所得再分配

僕はお金が好きだ。

お金があると快適な暮らしができたり、苦痛を軽減できたりする。幸福はどこにも売っていないけれど、お金がなくて起こる不幸には遭わずにすむ。自分の人生を丸ごと買い取れるほどあったらいいのにと思うけれど、そんなことには全然なっていない。

だから日々働く。働くとお金をもらえる(ことが多い)。僕は相手に労働を供給して、相手は僕にお金を支払う。この交換の取引を、僕は自分で決めたつもりだし、相手だってきっとそうだろう。互いに自発的で、誰にも強制されてないのだから、不当なものではない気がする。その自発性が交換の正当性を支えるというのは、所有権論のひとつの考えだ。

だが、僕が受け取った労働の対価が、本当に丸ごと僕のものであるべきなのかは、よく分からない。自分は労力を注いだと思う。でも、それができたのは、たまたまこれまでの人生で、高い教育を受けたり、奨学金に当たったりして、それなりの労働者になれたからではないのか。つまり、対価の一部、あるいはほとんどは、幸運の賜物ではないのか。その部分は、自分のものであるべきなのだろうか。自分のものであっても困らないが、それが公正か否かは別の話だ。

さらにいうと「努力に見合う対価」でさえ、それを受け取る人は、努力する才能に恵まれていただけではないのか。その対価はその人が占有すべきなのだろうか。こんなことをいちいち考えていてはキリがない。だが、キリがないことは、よしあしの理屈が不要ということではない。

また、自発的な交換にしたって、すべての「自発的な交換」が、本当に自発的といえるとはかぎらない。劣悪な環境で育ち、就労できる年齢までなんとか生き延びたが悪条件の仕事にしか就けない人に、自発的と呼べるほどの選択の自由はないだろう。

幸運のおかげでお金を得た人から、不運のせいでお金の無い人へとお金を移転させるのは、運命のサイコロが振られる前には等しかった二者の不平等を是正するという意味で、公正である。これは所得を再分配する制度を、公正の観点から正当化するひとつの理屈だ。

もうひとつ別方向からの正当化は、保険としての正当化だ。人生一寸先は闇だから、誰でも病気にかかったり、事故に遭ったり、あるいは災害に見舞われうる。そんなとき、お金がなくて困窮する事態を避けるためには、たとえば生活保護のような、所得を再分配する制度があったほうがよい。そんな制度があったほうがトクである。これは所得の再分配を、保険のように支持するもので、損得の観点からの正当化である。

ただし、この損得による正当化は、所得再分配の根拠として十分ではない。裕福な人は、病気にかかっても、事故に遭っても、災害に見舞われても、金銭的なことについては自費で損失をまかなえるからだ。つまり所得再分配は「全員にトク」というわけではない。損得による正当化は、再分配の有力な原資である裕福な人を巻き込んだ正当化にはならない。ただし「公正には関心はないが自分にトクなので、再分配を支持する人」を巻き込めはする。所得再分配を正当化する根拠は、公正による正当化と、損得による正当化が、両輪となっている。

ジニ係数

再分配を考えるうえでは、所得分布がどれほど不平等かを測る指標があると便利だ。それがあると不平等の状態を客観的に把握でき、どのような再分配が望ましいかを考えやすくなる。そうした指標の例に、**ジニ係数**がある。とてもよく参照され、マスメディアで言及されることも多い。そこで、これからジニ係数とはどんなものか、簡単な例で見ていこう。

いま、ＡＢＣの3人がいるとする。Ａの所得は1で、Ｂの所得は3で、Ｃの所得は6だとしよう。つまりＡＢＣの所得分布は(1，3，6)だ。ジニ係数はこれらの人々のあいだの所得差を足し合わせ、その数値が0から1の間におさまるよう規準化して求めていく。

その計算プロセスはおもに2つのステップがあり、詳細は図10-1の説明文にある通りだ。

所得分布(1，3，6)のジニ係数の計算

ステップ 1

- [A に注目]　A と A の所得差は当然ながら 0 で，A と B の所得差は 3−1=2 で，A と C の所得差は 6−1=5 だ．A に関する所得差の合計は 7 だ．
- [B に注目]　B に，A と同様の計算をすると，B に関する所得差の合計は 5 になる．
- [C に注目]　C に，A と同様の計算をすると，C に関する所得差の合計は 8 になる．
- [所得差の合計]　各人に関する所得差の合計を足し合わせると，7+5+8= 20 になる．これはこの集団での格差の総和である．

ステップ 2

- [基準化]　数値を 0 から 1 のあいだにおさめたい．ここで人口 3 に，総所得 10 を掛けて，さらに 2 を掛けると 60 になる．いまの例に限らず，所得差の合計を(人口×総所得×2)で割ると，必ずその値は 0 以上で 1 以下になる．
- [ジニ係数の導出]　所得差の合計 20 を，基準化のための数値 60 で割った 20/60=0.33 がジニ係数になる．

図 10-1　ジニ係数の計算プロセス

所得分布(1，3，6)のジニ係数を計算すると、0.33になる。

いま、ABCの所得分布は(1，3，6)だとしよう。ここで貧しいAに、富めるCから所得を1移転すると、所得分布は(2，3，5)となる。このとき、ジニ係数は0.2に下がる。このCからAへの所得移転によっても、CがA以上に裕福であることは変わらない。このように、富める者から貧しい者への所得移転で、ただし両者の貧富を逆転させないものを、**ピグー・ドールトン移転**という。ピグー・ドールトン移転が起こったときに、ジニ係数は下がる。

ピグー・ドールトン移転を実行し続けると、所得分布は最終的に、全員が同じ所得をもつ**完全平等分布**になるが、このときジニ係数は0になる。また、その逆である、1人だけがこの世の所得を独り占めする**完全不平等分布**でジニ係数は1(に近い値)になる。

ジニ係数はあくまで相対的な所得不平等を測る指標であって、富の増加を評価する機能は備えていない。これについて2つ例をあげておこう。

[例1] 所得分布X＝(1, 3, 6)とY＝(1兆, 3兆, 6兆)を比べてみよう。両者ともジニ係数は0.33だ。つまり全員の所得が1兆倍になっても、ジニ係数は変わらない。

[例2] 所得分布X＝(1, 3, 6)とZ＝(1, 3, 7)を比べてみよう。所得分布がXからZに変わるとは、AとBの所得は変わらぬまま、Cの所得が上昇している。第9章で使った用語だが、誰もソンをさせずに誰かがトクすることを**パレート改善**という。ここで、XからZへの変化はパレート改善である。パレート改善はよきことであるように思えるが、このパレート改善は、最も富めるCがさらに富むようになるもので、ジニ係数は上がる。

累積所得分布への補足

ジニ係数についての補足を述べよう。所得分布(1，3，6)について、これの**累積所得分布**とは、所得を低いほうから一人ひとり足し合わせて得られる(1，1＋3，1＋3＋6)＝(1，4，10)のことだ。係数を0から1のあいだにおさめる基準化のため、累積所得分布を総所得の10で割ると、(0.1，0.4，1)となる。これを見ると「下位1/3までの人が総所得の0.1の割合」を、「下位2/3までの人が総所得の0.4の割合」をもっていると分かる。

さて、誰もが同じ所得をもつ完全平等な所得分布のもとでは、「下位1/3までの人が総所得の1/3の割合」を、「下位2/3までの人が総所得の2/3の割合」をもつことになる。そしてジニ係数は、人数が多いときには、「実際の(基準化された)累積所得分布」と「完全平等なときの(基準化された)累積所得分布」との差として、図10-2のようにあらわされる。

これを示す証明は複雑なので、本書では扱わない。しかし、足し算と割り算で定義したジニ係数が、このように図であらわされるのだと知っておくのは重要だ。というのは、新聞や雑誌では通常、ジニ係数はこうした図で説明されるからだ。その理由は単純で、新聞や雑誌では足し算や割り算を用いたジニ係数の説明は、歓迎されないからだ。しかしジニ係数を計算し、また諸性質を理解するためには、足し算や割り算を用いるほうが便利である。

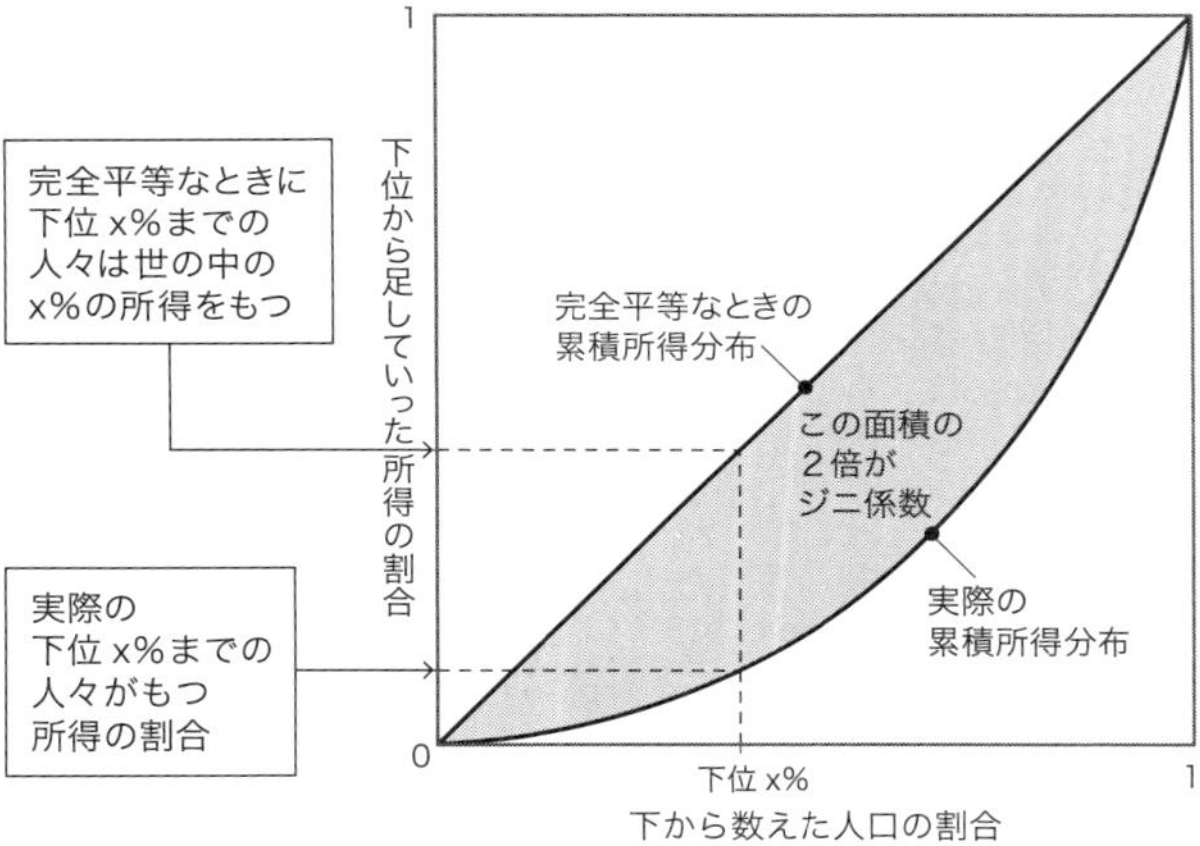
1
完全平等なときに
下位 x%までの
人々は世の中の
x%の所得をもつ
下位から足していった所得の割合
完全平等なときの
累積所得分布
この面積の
2倍が
ジニ係数
実際の
下位 x%までの
人々がもつ
所得の割合
実際の
累積所得分布
0
下位 x%
1
下から数えた人口の割合

図10-2 ジニ係数

細かいことをいうと、人数がn人のとき、最も不平等である「ただ一人が総所得を独占する」完全不平等な所得分布、たとえば、$n=3$のとき(0, 0, 1)のジニ係数は、$1-1/n$になる。そして、ジニ係数を実際に計算するときには、人数nは何千何万といった大きな値であることが多いので、$1/n$の項は無視して説明するのが普通だ。つまり、通常は「完全不平等な所得分布でジニ係数は1になる」と説明される。

OECD(経済協力開発機構)の調査によると、2014年の日本のジニ係数は0.33で、これはOECD加盟国の平均よりやや高い値であった(再分配後の値)。参考までに、日本よりジニ係数が高い国には約0.39のアメリカ、低い国には約0.3の韓国がある。

絶対的貧困と相対的貧困

話を格差から貧困に移そう。まず、貧困には大別して2種類ある。まずは、**絶対的貧困**だ。これは、生命の維持に最低限必要なものが足りていないことを指す。世界銀行は貧困ラインを「1日の所得1.25ドル」と定めているが、これは絶対的貧困のひとつの基準だ。

もうひとつは、**相対的貧困**だ。これは、周囲と比べて著しく生活水準が低いことを指す。小学校の学級でいうと、自分だけは擦り切れた服を着ている、家族旅行に行ったことがない、クリスマスにプレゼントをもらったことがない、等だ。絶対的貧困と比べると、相対的貧困は「生きていけるのだからよいではないか」と軽視されがちだが、その社会のなかでひどく惨めな生活をし、尊厳を維持するのが難しく、また他者との交流が困難になる。

相対的貧困ラインは、ＯＥＣＤの基準がそうであるように、所得分布の真ん中の50％と定められることが多い。

ここで、真ん中の50％とはどういうことか、数値例を見てみよう。いま7人の所得分布が、低い順に(1，1，2，3，4，6，7)だとする。ここで「真ん中」とは、7人のなかで4番目に低い(＝4番目に高い)所得であって、それは3だ。そして、その50％とは1.5だ。これが相対的貧困ラインとなる。このラインに達しない人は、所得が1の二人だ。相対的貧困ラインに達しない人が人口に占める割合を、**相対的貧困率**という。ここで、その値とは2/7＝約0.29である。つまり29％の人が相対的貧困にいると算出される。

実際の、厚生労働省の「国民生活基礎調査」によると、２０１２年の日本の相対的貧困率は16.1％である。

市場、格差と貧困

いまいちど、これまでの章で学んできた市場について振り返ってみよう。市場とひと口にいっても、さまざまなタイプのものがあった。本書で扱っただけでも、完全市場、独占市場、ベルトラン寡占市場、クールノー寡占市場、等々である。

おおむねの傾向として、市場では競争の圧力が高まるほど、社会的余剰が上がる。その極点が完全市場であって、誰もが価格に影響力を持てないプライステイカーとなったとき、社会的余剰は最大化される。

とはいえ、競争の過程で労働者がひどく心身を壊したり、取り返しのつかない公害を他者に与えたり、といったことは実際によく起こる。それらの回復不能な被害は、社会的余剰がいくら上がったところで、被害者に十分な埋め合わせはできない。

また、市場によっては優れた者が勝つとは限らない。ネットワーク外部性が強い市場では、サービスの質が劣っていても、市場を「ユーザーがユーザーを呼ぶ」状況に先に持ちこんだほうが勝利するのであった。

いずれの市場にせよ、競争においては勝者と敗者が、ときには競争にともなう被害者が生まれる。もちろん、もともと持っているものが少ない者は、最初から交換に不利である。市場という制度を使う以上、格差の発生は避けがたい。一切の格差を排する完全平等の社会には競争の活力が生まれないだろうが、だからといって格差の完全な放置が好ましいわけではない。そして、貧困の撲滅を求めることは、完全平等を求めることではない。所得分布に格差が広くあってさえ、貧困をなくすことはできる。貧困の撲滅とは、社会として許容すべきでない低い生活水準にいる人を、一定の水準まで引き上げることだからだ。

いま、所得が相対的貧困ラインより低い人を貧困だということにしよう。先ほど述べたように、7人の所得分布が(1, 1, 2, 3, 4, 6, 7)のとき、所得が相対的貧困ラインである1.5より低い人、つまり貧困の人は、所得が1である二人だ。しかし、貧困層への再分配により、7人の所得分布が(2, 2, 2, 3, 4, 5, 6)となれば、誰もが相対的貧困ラインの1.5より高い所得となり、その意味で貧困は撲滅されたことになる。

もちろん、所得だけで人の生活水準をすべて測れるわけではない。たとえば、所得が同じであっても、暮らしに介助を必要とする人のほうが、そうでない人よりも、生活にはお金がかかる。だが、所得は人の暮らし向きをおおまかに測れる重要な変数である。

以上をもって本書の本文は終わる。「入門の入門」として、ミクロ経済学のおおよその基本事項については説明できたのではないかと思っている。そして、この最終章は、経済学のみならず、より広い社会科学の諸分野にもかかわるものだ。むろんこれは、ひとつの入り口にすぎない。本書が、読者諸賢の経済学および社会科学へのさらなる関心を高められているならば、著者としては幸いである。

読書案内

ここでは、さらにミクロ経済学や関連テーマを学びたい読者に有用と思われる書籍を紹介したい。まずはミクロ経済学の初級レベルのテキストとして

八田達夫『ミクロ経済学 Expressway』東洋経済新報社、2013年

を、中級レベルのテキストとして

神取道宏『ミクロ経済学の力』日本評論社、2014年

をあげておく。中級レベル以上のミクロ経済学を学ぶには、一定の数学の知識が必要だが、これについては第7章で話の題材として用いた

尾山大輔・安田洋祐編著『改訂版　経済学で出る数学　高校数学からきちんと攻める』日本評論社、2013年

が優れている。ゲーム理論の入門テキストとしては

渡辺隆裕『ゼミナール　ゲーム理論入門』日本経済新聞出版社、2008年

が包括的で、また社会科学系の学生に読みやすいよう書かれている。ゲーム理論を現実の制度

設計に活かすことは現在大きな注目を集めているテーマで

坂井豊貴『マーケットデザイン　最先端の実用的な経済学』ちくま新書、2013年

アルビン・E・ロス『フー・ゲッツ・ホワット』櫻井祐子訳、日本経済新聞出版社、2016年

がそれに詳しい。

第2章で扱った現物給付のよさを説明する財政学の新書に

井手英策『日本財政　転換の指針』岩波新書、2013年

がある。同書はミクロ経済学のアプローチでは捉えにくい人々の社会観を交えて財政を論じており、本書と併せての一読を薦めたい。社会保障を扱う経済学のテキストは

小塩隆士『社会保障の経済学』第4版、日本評論社、2013年

が定評がある。本書は、第4章でそうしたように、企業をたんに生産や費用の観点から捉えるのみで、それ自体が有機的な構造を持つ「組織」として論じていない。これについては古典的名著

ケネス・J・アロー『組織の限界』村上泰亮訳、ちくま学芸文庫、2017年

が、いまなお新鮮である。第6章で扱ったネットワーク外部性は、IT社会できわめて重要なテーマであり

ポール・オイヤー『オンラインデートで学ぶ経済学』土方奈美訳、NTT出版、2016年

は、それについての好著である。第7章で触れた独占禁止法については

白石忠志『独禁法事例の勘所』第2版、有斐閣、2010年

を薦めたい。同書には、本書で述べたスタインウェイ社ピアノの並行輸入阻害の解説がある。第9章で扱った公共財の自発的供給は、社会における信頼のあり方と深く関係しており

山岸俊男『安心社会から信頼社会へ　日本型システムの行方』中公新書、1999年

がたいへん興味深い。第10章で扱った貧困については、子どもの貧困問題について大きな社会的反響を引き起こした

阿部彩『子どもの貧困――日本の不公平を考える』岩波新書、2008年

を薦める。「社会のよさ」を論じる厚生経済学については

蓼沼宏一『幸せのための経済学――効率と衡平の考え方』岩波ジュニア新書、2011年

が、広い内容を平明に解説している。所有権や再分配の考え方については法哲学の優れたテキストである

瀧川裕英・宇佐美誠・大屋雄裕『法哲学』有斐閣、２０１４年

を参照されたい。

最後に、「読書」というほど気軽に読めるものではないが、本文で言及した専門論文を記載しておく。第3章で言及したジェンセンとミラーによるギッフェン財の研究とは

Jensen, R. T. and Miller, N. H. (2008) “Giffen Behavior and Subsistence Consumption” *American Economic Review*, Vol. 98, No. 4, pp. 1553–1577

である。第6章で言及したカシオポらによるアメリカのオンラインでの出会いの研究は

Cacioppo, J. T. *et al.* (2013) “Marital Satisfaction and Break-ups Differ Across On-line and Off-line Meeting Venues” *Proceedings of the National Academy of Sciences*, Vol. 110, No. 25, pp. 10135–10140

にまとめられている。

あとがき

昨春、ペプシコーラを好む父が自宅を訪れてくれたとき、うっかりコカコーラを出したら、飲もうとしてくれなかった。「ああ、そうだった、しまった」と気づいたとき、この本がコーラの話で始まることが確定した。このことの意味が分からない人は、あとがきからではなく第1章から本書を読み進めてほしい。かくなる経緯により、父の坂井章に深く感謝する。

執筆中には、慶應義塾大学、内閣府、日本経済研究センターでミクロ経済学の講義を担当していた。塾生はもちろん、さまざまな立場やバックグラウンドをもつ人々との交流が、本書の内容を改善してくれたことは疑いない。受講者と運営担当者の方々に、記して感謝したい。

草稿を通読して詳細なコメントをくれた慶應義塾大学の岡本実哲君と、妻の坂井万利代に感謝する。そして執筆を励ましてくれた子どもたち、坂井文嘉と坂井樹に感謝する。

前著『多数決を疑う』に引き続き、本書の編集は、岩波新書編集長の永沼浩一氏が労をとられた。ときに仏のように、ときに鬼のように、私を本書の完成に漕ぎつけさせてくれた手腕に敬服しつつ、感謝する。

二〇一七年二月八日

坂井豊貴

ま 行

や 行

ら 行

た 行

な 行

は 行

索　引

坂井豊貴

1975年広島県生まれ
1998年早稲田大学商学部卒業，2000年神戸大学経済学修士課程修了，2005年ロチェスター大学経済学博士課程修了(Ph. D.)．横浜市立大学経営科学系，横浜国立大学経済学部，慶應義塾大学経済学部の准教授を経て，
現在一慶應義塾大学経済学部教授
著書一『多数決を疑う』(岩波新書)，『「決め方」の経済学』(ダイヤモンド社)，『社会的選択理論への招待』(日本評論社)，『マーケットデザイン』(ちくま新書)，『マーケットデザイン入門』(ミネルヴァ書房)，『メカニズムデザイン』(共著，ミネルヴァ書房)，『メカニズムデザインと意思決定のフロンティア』(編著，慶應義塾大学出版会) ほか

ミクロ経済学入門の入門　岩波新書(新赤版)1657

2017年4月20日　第1刷発行

著　者　坂井豊貴《さかいとよたか》

発行者　岡本　厚

発行所　株式会社　岩波書店
〒101-8002 東京都千代田区一ツ橋 2-5-5
案内 03-5210-4000　営業部 03-5210-4111
http://www.iwanami.co.jp/

新書編集部 03-5210-4054
http://www.iwanamishinsho.com/

印刷・精興社　カバー・半七印刷　製本・中永製本

ISBN 978-4-00-431657-2　Printed in Japan

岩波新書新赤版一〇〇〇点に際して

ひとつの時代が終わったと言われて久しい。だが、その先にいかなる時代を展望するのか、私たちはその輪郭すら描きえていない。二〇世紀から持ち越した課題の多くは、未だ解決の緒を見つけることのできないままであり、二一世紀が新たに招きよせた問題も少なくない。グローバル資本主義の浸透、憎悪の連鎖、暴力の応酬——世界は混沌として深い不安の只中にある。

現代社会においては変化が常態となり、速さと新しさに絶対的な価値が与えられた。消費社会の深化と情報技術の革命は、種々の境界を無くし、人々の生活やコミュニケーションの様式を根底から変容させてきた。ライフスタイルは多様化し、一面では個人の生き方をそれぞれが選びとる時代が始まっている。同時に、新たな格差が生まれ、様々な次元での亀裂や分断が深まっている。社会や歴史に対する意識が揺らぎ、普遍的な理念に対する根本的な懐疑や、現実を変えることへの無力感がひそかに根を張りつつある。そして生きることに誰もが困難を覚える時代が到来している。

しかし、日常生活のそれぞれの場で、自由と民主主義を獲得し実践することを通じて、私たち自身がそうした閉塞を乗り超え、希望の時代の幕開けを告げてゆくことは不可能ではあるまい。そのために、いま求められていること——それは、個と個の間で開かれた対話を積み重ねながら、人間らしく生きることの条件について一人ひとりが粘り強く思考することではないか。その営みの糧となるものが、教養に外ならないと私たちは考える。歴史とは何か、よく生きるとはいかなることか、世界そして人間はどこへ向かうべきなのか——こうした根源的な問いとの格闘が、文化と知の厚みを作り出し、個人と社会を支える基盤としての教養となった。まさにそのような教養への道案内こそ、岩波新書が創刊以来、追求してきたことである。

岩波新書は、日中戦争下の一九三八年一一月に赤版として創刊された。創刊の辞は、道義の精神に則らない日本の行動を憂慮し、批判的精神と良心的行動の欠如を戒めつつ、現代人の現代的教養を刊行の目的とする、と謳っている。以後、青版、黄版、新赤版と装いを改めながら、合計二五〇〇点余りを世に問うてきた。そして、いままた新赤版が一〇〇〇点を迎えたのを機に、人間の理性と良心への信頼を再確認し、それに裏打ちされた文化を培っていく決意を込めて、新しい装丁のもとに再出発したいと思う。一冊一冊から吹き出す新風が一人でも多くの読者の許に届くこと、そして希望ある時代への想像力を豊かにかき立てることを切に願う。

（二〇〇六年四月）

岩波新書より

経済

- ポスト資本主義 科学・人間・社会の未来　広井良典
- 日本の納税者　三木義一
- タックス・イーター　志賀櫻
- タックス・ヘイブン　志賀櫻
- コーポレート・ガバナンス　花崎正晴
- グローバル経済史入門　杉山伸也
- アベノミクスの終焉　服部茂幸
- 新自由主義の帰結　服部茂幸
- 新・世界経済入門　西川潤
- 金融政策入門　湯本雅士
- 日本経済図説〔第四版〕　宮崎勇・本庄真・田谷禎三
- 世界経済図説〔第三版〕　宮崎勇・田谷禎三
- WTO 貿易自由化を超えて　中川淳司
- 日本財政 転換の指針　井手英策
- 日本の税金〔新版〕　三木義一
- 成熟社会の経済学　小野善康

- 景気と経済政策　小野善康
- 平成不況の本質　大瀧雅之
- 原発のコスト　大島堅一
- 次世代インターネットの経済学　依田高典
- ユーロ 危機の中の統一通貨　田中素香
- 低炭素経済への道　諸富徹・浅岡美恵
- 「分かち合い」の経済学　神野直彦
- 人間回復の経済学　神野直彦
- グリーン資本主義　佐和隆光
- 市場主義の終焉　佐和隆光
- 消費税をどうするか　小此木潔
- 国際金融入門〔新版〕　岩田規久男
- 金融入門〔新版〕　岩田規久男
- ビジネス・インサイト　石井淳蔵
- ブランド 価値の創造　石井淳蔵
- グローバル恐慌　浜矩子
- 金融商品とどうつき合うか　新保恵志
- 金融NPO　藤井良広

- 地域再生の条件　本間義人
- 経済データの読み方〔新版〕　鈴木正俊
- 格差社会 何が問題なのか　橘木俊詔
- シュンペーター　伊東光晴・根井雅弘
- ケインズ　伊東光晴
- 現代に生きるケインズ　伊東光晴
- 景気とは何だろうか　山家悠紀夫
- 環境再生と日本経済　三橋規宏
- 人民元・ドル・円　田村秀男
- 社会的共通資本　宇沢弘文
- 経済学の考え方　宇沢弘文
- 経営革命の構造　米倉誠一郎
- 経済論戦　川北隆雄
- アメリカの通商政策　佐々木隆雄
- 戦後の日本経済　橋本寿朗
- 共生の大地 新しい経済がはじまる　内橋克人
- 思想としての近代経済学　森嶋通夫
- アメリカ遊学記　都留重人

社会

戦争と検閲 石川達三を読み直す	河原理子
生きて帰ってきた男	小熊英二
地域に希望あり	大江正章
地域の力	大江正章
遺骨 戦没者三一〇万人の戦後史	栗原俊雄
フォト・ストーリー 沖縄の70年	石川文洋
ルポ 保育崩壊	小林美希
アホウドリを追った日本人	平岡昭利
朝鮮と日本に生きる	金時鐘
被災弱者	岡田広行
農山村は消滅しない	小田切徳美
復興〈災害〉	塩崎賢明
「働くこと」を問い直す	山崎憲
原発と大津波 警告を葬った人々	添田孝史
縮小都市の挑戦	矢作弘
福島原発事故 被災者支援政策の欺瞞	日野行介
日本の年金	駒村康平
食と農でつなぐ 福島から	塩谷弘康・岩崎由美子
過労自殺〔第二版〕	川人博
金沢を歩く	山出保
ドキュメント 豪雨災害	稲泉連
希望のつくり方	玄田有史
親米と反米	吉見俊哉
人生案内	落合恵子
ひとり親家庭	赤石千衣子
女のからだ フェミニズム以後	荻野美穂
〈老いがい〉の時代	天野正子
子どもの貧困	阿部彩
子どもの貧困 II	阿部彩
性と法律	角田由紀子
ヘイト・スピーチとは何か	師岡康子
生活保護から考える	稲葉剛
かつお節と日本人	宮内泰介・藤林泰
家事労働ハラスメント	竹信三恵子
ルポ 雇用劣化不況	竹信三恵子
福島原発事故 県民健康管理調査の闇	日野行介
電気料金はなぜ上がるのか	朝日新聞経済部
おとなが育つ条件	柏木惠子
在日外国人〔第三版〕	田中宏
まち再生の術語集	延藤安弘
震災日録 記憶を記録する	森まゆみ
原発をつくらせない人びと	山秋真
社会人の生き方	暉峻淑子
豊かさの条件	暉峻淑子
豊かさとは何か	暉峻淑子
構造災 科学技術社会に潜む危機	松本三和夫
家族という意志	芹沢俊介
ルポ 良心と義務	田中伸尚
靖国の戦後史	田中伸尚
日の丸・君が代の戦後史	田中伸尚
憲法九条の戦後史	田中伸尚

岩波新書より

(2015.5) (D2)

岩波新書より

ああダンプ街道	佐久間　充
山が消えた　残土・産廃戦争	佐久間　充
少年犯罪と向きあう	石井小夜子
自白の心理学	浜田寿美男
原発事故はなぜくりかえすのか	高木仁三郎
プルトニウムの恐怖	高木仁三郎
能力主義と企業社会	熊沢　誠
証言　水俣病	栗原　彬編
コンクリートが危ない	小林一輔
東京国税局査察部	立石勝規
バリアフリーをつくる	光野有次
ドキュメント　屠場	鎌田　慧
現代社会と教育	堀尾輝久
原発事故を問う	七沢　潔
災害救援	野田正彰
ボランティア　もうひとつの情報社会	金子郁容
スパイの世界	中薗英助
都市開発を考える	大野輝之 レイコ・ハベ・エバンス
ディズニーランドという聖地	能登路雅子
原発はなぜ危険か	田中三彦
世直しの倫理と論理　上・下	小田　実
異邦人は君ヶ代丸に乗って	金　賛汀
読書と社会科学	内田義彦
資本論の世界	内田義彦
社会認識の歩み	内田義彦
科学文明に未来はあるか	野坂昭如編著
働くことの意味	清水正徳
一九六〇年五月一九日	日高六郎編
暗い谷間の労働運動	大河内一男
住宅貧乏物語	早川和男
食品を見わける	磯部晶策
社会科学における人間	大塚久雄
社会科学の方法	大塚久雄
農の情景	杉浦明平
ルポルタージュ　台風十三号始末記	杉浦明平
日本人とすまい	上田　篤
自動車の社会的費用	宇沢弘文
「成田」とは何か	宇沢弘文
戦没農民兵士の手紙	岩手県農村文化懇談会編
ものいわぬ農民	大牟羅良
死の灰と闘う科学者	三宅泰雄
ユダヤ人	J-P・サルトル 安堂信也訳

現代世界

フォト・ドキュメンタリー 人間の尊厳	林 典子
女たちの韓流	山下英愛
㈱貧困大国アメリカ	堤 未果
ルポ 貧困大国アメリカ	堤 未果
ルポ 貧困大国アメリカII	堤 未果
新・現代アフリカ入門	勝俣 誠
中国の市民社会	李 妍焱
勝てないアメリカ	大治朋子
ブラジル 跳躍の軌跡	堀坂浩太郎
非アメリカを生きる	室 謙二
ネット大国中国	遠藤 誉
中国は、いま	国分良成編
ジプシーを訪ねて	関口義人
中国エネルギー事情	郭 四志
アメリカン・デモクラシーの逆説	渡辺 靖
ユーラシア胎動	堀江則雄
オバマ演説集	三浦俊章編訳
オバマは何を変えるか	砂田一郎
タイ 中進国の模索	末廣 昭
平和構築	東 大作
ハワイ	山中速人
イスラームの日常世界	片倉もとこ
イスラエル	臼杵 陽
ネイティブ・アメリカン	鎌田 遵
アフリカ・レポート	松本仁一
ヴェトナム新時代	坪井善明
イラクは食べる	酒井啓子
エビと日本人	村井吉敬
エビと日本人II	村井吉敬
北朝鮮は、いま	北朝鮮研究学会編 石坂浩一監訳
欧州連合 統治の論理とゆくえ	庄司克宏
バチカン	郷富佐子
国際連合 軌跡と展望	明石 康
アメリカよ、美しく年をとれ	猿谷 要
日中関係 戦後から新時代へ	毛里和子
いま平和とは	最上敏樹
国連とアメリカ	最上敏樹
人道的介入	最上敏樹
現代ドイツ	三島憲一
「民族浄化」を裁く	多谷千香子
サウジアラビア	保坂修司
中国激流 13億のゆくえ	興梠一郎
多民族国家 中国	王 柯
ヨーロッパ市民の誕生	宮島 喬
東アジア共同体	谷口 誠
NATO	谷口長世
ヨーロッパとイスラーム	内藤正典
現代の戦争被害	小池政行
アメリカ外交とは何か	西崎文子
帝国を壊すために	アルンダティ・ロイ 本橋哲也訳
多文化世界	青木 保
異文化理解	青木 保
デモクラシーの帝国	藤原帰一

福祉・医療

医と人間	井村裕夫編
医療の選択	桐野高明
納得の老後 日欧在宅ケア探訪	村上紀美子
移植医療	出河雅彦 / 橳島次郎
医学的根拠とは何か	津田敏秀
転倒予防	武藤芳照
看護の力	川嶋みどり
心の病 回復への道	野中猛
重い障害を生きるということ	髙谷清
肝臓病	渡辺純夫
感染症と文明	山本太郎
ルポ 認知症ケア最前線	佐藤幹夫
ルポ 高齢者医療	佐藤幹夫
医の未来	矢﨑義雄編
介護保険は老いを守るか	沖藤典子
パンデミックとたたかう	押谷仁 / 瀬名秀明
健康不安社会を生きる	飯島裕一編著
健康ブームを問う	飯島裕一編著
疲労とつきあう	飯島裕一
長寿を科学する	祖父江逸郎
温泉と健康	阿岸祐幸
介護 現場からの検証	結城康博
医療の値段	結城康博
腎臓病の話	椎貝達夫
「尊厳死」に尊厳はあるか	中島みち
がんとどう向き合うか	額田勲
がん緩和ケア最前線	坂井かをり
人はなぜ太るのか	岡田正彦
児童虐待	川﨑二三彦
生老病死を支える	方波見康雄
認知症とは何か	小澤勲
鍼灸の挑戦	松田博公
障害者とスポーツ	高橋明
障害者は、いま	大野智也
生体肝移植	後藤正治
放射線と健康	舘野之男
定常型社会 新しい「豊かさ」の構想	広井良典
日本の社会保障	広井良典
血管の病気	田辺達三
医の現在	高久史麿編
居住福祉	早川和男
高齢者医療と福祉	岡本祐三
看護 ベッドサイドの光景	増田れい子
信州に上医あり	南木佳士
自分たちで生命を守った村	菊地武雄
医療の倫理	星野一正
腸は考える	藤田恒夫
体験ルポ 世界の高齢者福祉	山井和則
リハビリテーション	砂原茂一
指と耳で読む	本間一夫
村で病気とたたかう	若月俊一
音から隔てられて	入谷仙介 / 林瓢介編

哲学・思想

自然科学

人物で語る数学入門	高瀬正仁
高木貞治 近代日本数学の父	高瀬正仁
桜	勝木俊雄
エピジェネティクス	仲野徹
算数的思考法	坪田耕三
地球外生命 われわれは孤独か	長沼毅 井田茂
科学者が人間であること	中村桂子
富士山 大自然への道案内	小山真人
近代発明家列伝	橋本毅彦
川と国土の危機 水害と社会	高橋裕
適正技術と代替社会	田中直
四季の地球科学	尾池和夫
地下水は語る	守田優
キノコの教え	小川眞
宇宙から学ぶ ユニバソロジのすすめ	毛利衛

宇宙からの贈りもの	毛利衛
心と脳	安西祐一郎
職業としての科学	佐藤文隆
宇宙論への招待	佐藤文隆
津波災害	河田惠昭
太陽系大紀行	野本陽代
偶然とは何か	竹内敬
ぶらりミクロ散歩	田中敬一
超ミクロ世界への挑戦	田中敬一
冬眠の謎を解く	近藤宣昭
人物で語る化学入門	竹内敬人
ダーウィンの思想	内井惣七
宇宙論入門	佐藤勝彦
タンパク質の一生	永田和宏
疑似科学入門	池内了
ウナギ 地球環境を語る魚	井田徹治
数に強くなる	畑村洋太郎
人物で語る物理入門 上・下	米沢富美子

宇宙人としての生き方	松井孝典
私の脳科学講義	利根川進
木造建築を見直す	坂本功
市民科学者として生きる	高木仁三郎
科学の目 科学のこころ	長谷川眞理子
地震予知を考える	茂木清夫
水族館のはなし	堀由紀子
生命と地球の歴史	丸山茂徳 磯﨑行雄
生命の起原と生化学	オパーリン 江上不二夫編
量子力学入門	並木美喜雄
科学論入門	佐々木力
相対性理論入門	内山龍雄
ブナの森を楽しむ	西口親雄
細胞から生命が見える	柳田充弘
摩擦の世界	角田和雄
からだの設計図	岡田節人
孤島の生物たち	小野幹雄
大地動乱の時代	石橋克彦
日本酒	秋山裕一

岩波新書より

日本列島の誕生　平　朝彦
生物進化を考える　木村資生
大地の微生物世界　服部　勉
馬は語る　沢崎　坦
花と木の文化史　中尾佐助
栽培植物と農耕の起源　中尾佐助
宝石は語る　砂川一郎
動物園の獣医さん　川崎　泉
星の古記録　斉藤国治
宇宙と星　畑中武夫
分子と宇宙　木原太郎
物理学とは何だろうか 上・下　朝永振一郎
数の体系 上・下　彌永昌吉
人間であること　時実利彦
植物たちの生　沼田　真
動物と太陽コンパス　桑原万寿太郎
アラビア科学の話　矢島祐利
科学の方法　中谷宇吉郎
日本の地形　貝塚爽平

数学の学び方・教え方　遠山　啓
数学入門 上・下　遠山　啓
無限と連続　遠山　啓
原子力発電　武谷三男編
物理学はいかに創られたか 上・下　アインシュタイン インフェルト　石原　純訳
零の発見　吉田洋一